GUADALUPE VICTORIA

GRANDES MEXICANOS ILUSTRES

GUADALUPE VICTORIA

Francisco Caudet Yarza

DASTIN, S.L.

© DASTIN, S.L.
Polígono Industrial Európolis, calle M, 9
28230 Las Rozas - Madrid (España)
Tel: + (34) 916 375 254
Fax: + (34) 916 361 256
e-mail: info@dastin.es
www.dastin.es

Edición Especial para:
**EDICIONES Y DISTRIBUCIONES
PROMO LIBRO, S.A. DE C.V.**

I.S.B.N.: 84-492-0345-7
Depósito legal: M-15.925-2003
Coordinación de la colección: Raquel Gómez

Impreso en España - Printed in Spain

*Con mi sincero agradecimiento
al Consulado de México en Barcelona,
no sólo por su interesante aporte documental,
sino por el trato exquisito
recibido de sus funcionarios.*

Francisco Caudet Yarza

PROEMIO

— MÉXICO LINDO Y QUERIDO... —

MÉXICO *lindo y querido...*, en efecto. Porque México, realmente, es lindo y muy querido por sus hijos (y por aquellos a quienes este país prohíja, porque ellos así lo desean, tras integrarse en una dinámica sociolaboral atractiva y cariñosa), que lo han demostrado con abundancia a lo largo de la historia de este país, fértil a todos los niveles, porque sus orígenes se gestan en un crisol de variopintas y ubérrimas culturas cuya huella sigue presente en los mexicanos de hoy, impronta que continuará formando parte de la idiosincrasia de los mexicanos del futuro...

Pero antes de que Jorge Negrete —una de las voces más exquisitas con que México ha obsequiado al mundo de la música— echara al aire las notas vibrantes de su *México lindo y querido,* antes de que María Félix lo volviera loco de amor, antes de que Agustín Lara eternamente rendido a los pies de *La Doña* escribiera para ella uno de los boleros más románticos que jamás se ha escuchado (*María Bonita*), mucho antes de que Luis Miguel modulara esa extraordinaria creación de Armando Manzanero titulada *Contigo aprendí,* y yendo atrás en la historia, antes de que Morelos lanzara en Dolores su aullido, *¡INDEPENDENCIA!,* antes de que Iturbide se convirtiera en emperador mexicano y Guadalupe Victoria en el primer presidente constitucional, antes de que Maximiliano de Habsburgo viviera una absurda aventura en el trono mexicano y de que Benito Juárez, el oaxaqueño, le diera color a México de cara a un futuro sólido, estable, social, justo, independiente y en libertad, antes de todas esas cosas y de otras muchas, la historia de México ya se había gestado... México ya había nacido... *México ya era lindo y querido...*, en efecto.

¿Por qué no me acompañan ustedes en un rápido periplo en el que trataremos de reflejar los momentos trascendentes que ya habían configurado la historia de México antes de que Guadalupe Victoria fuera elevado a la más alta magistratura mexicana?

* * *

Una canción azteca celebra así el nacimiento del maíz:

Su tallo, de muchos colores esfumados
viene aquí a alzarse florecido,
a mostrar sus granos...

Un milagro que desde tiempos inmemoriales se repetía en el fértil valle de México, a dos mil metros de altitud, encerrado entre la Sierra Madre oriental y la occidental. Allí se extendía el vasto lago Texcoco, de agua salada, hoy seco, alimentado por dos lagos de agua dulce, el Xochimilco y el Chalco. Durante la estación de las lluvias, el gran lago se desbordaba e inundaba extensos territorios, en los cuales depositaba un fértil limo; en consecuencia, había condiciones propicias para iniciar técnicas agrícolas, y en el curso del segundo milenio a.C. surgieron, efectivamente, las primeras villas campesinas.

Al correr del tiempo, de los siglos, las villas se transformaron en centros urbanos, produciéndose un grandioso desarrollo, que interesó tanto al valle de México como a otras áreas circundantes, por ejemplo el valle de Oaxaca, al sur, donde se establecieron los zapotecas, cuyo centro principal fue Monte Albán y, al este, en la franja costera que se hallaba al abrigo de la Sierra Madre oriental, donde se instalaron los totonacas, en torno del centro ceremonial de El Trajín; en el valle de México surgieron las ciudades de Teotihuacán, Xochicalco, Cholula, Xolalpán, Zacuala..., sobresaliendo de entre ellas Teotihuacán, en el curso del primer milenio d.C., con una población de aproximadamente cien mil habitantes, ubicándose su centro ceremonial en lo que dio en llamarse avenida de los Muertos, flanqueada por grandes pirámides-templos, asumiendo el papel de punto de referencia de todos los pueblos que residían en el valle. Paradigma de una civilización que había alcanzado su fase clásica, Teotihuacán sintetizaba en sí misma la milenaria elaboración cultural de todo México precolombino y testimoniaba la complejidad de la organización social y la plenitud del panteón de las divinidades que se veneraban. Documentaba, sobre todo, una evolución grande y pacífica que se iba desenvolviendo sin necesidad de defenderse; se ignora el nombre del pueblo que la edificó y habitó, así como se desconoce quiénes la atacaron e incendiaron, presumiblemente entre los siglos VII y VIII. Con la destrucción de Teotihuacán concluyó el período clásico del valle de México.

En 1375, bajo la conducción del rey Acamapichtli, los aztecas mercenarios se aliaron y las siguientes campañas militares no hicieron sino intensificar su gravitación en el ámbito del imperio que habían constituido los tepanecas. Conscientes de su fuerza y poder, los aztecas no podían tolerar indefinidamente la alianza y la coyuntura propicia a sus intereses se produjo al día siguiente del óbito del anciano rey Tezozómoc, a quien sucedió su hijo Maxtlatzin, que no reunía las cualidades y condiciones de su progenitor; y por si esto fuera poco, se trataba, además, de un usurpador, por cuanto había arrebatado el trono por la violencia a su hermano Tayatzin y, en el colmo de su megalomanía, quiso afrontar el problema azteca, retrotrayendo al pueblo de Huitzilopochtli a un papel subalterno. Guiados por Itzcóatl, que accedió al trono en 1427, los aztecas hicieron frente a la prueba de fuerza que se volcó en su favor: en 1430 Atzcapotzalco quedó convertido en ruinas, victoria decisiva que el pueblo azteca celebró como una gloria eterna, dejando el imperio tepaneca en manos de Itzcoált.

Éste reforzó y extendió sus dominios y Moctezuma I, su sucesor, prosiguió la expansión hacia el sur, continuando su sobrino Axayacatl la obra iniciada; la terna de soberanos se sirvió de la asistencia y consejos del ministro Tlacaélel, y los señoríos de Texcoco y

Tlacopán se asociaron con ellos, participando de los frutos de las conquistas imperiales. El centro religioso y administrativo se constituyó en la plaza central de Tenochtitlán, donde se alzaba la gran pirámide, o *teocalli,* sobre la cual se asentaban los templos dedicados a Huitzilopochtli y a Tlaloc, las máximas divinidades aztecas. La costumbre de ofrendarles sacrificios cruentos (humanos) fue día a día más intensa, hasta alcanzar niveles criminales. Si el imperio se extendía y fortalecía, había que honrar a las deidades con abundantes ofrendas de sangre humana; si la suerte se mostraba esquiva y contraria, con mayor razón había que desear la benevolencia de los jueces divinos. Alrededor de 1450, bajo la égida de Moctezuma I, hubo escasez y hambre, declarando los sacerdotes que la tierra no daba frutos porque le faltaba vigor y que, consecuentemente, había que nutrirla con sangre humana (y también debían hacerse ofrendas cruentas al Sol, con el fin de que pudiera transmitir más energía a la corteza terrestre). Para contar en todo momento con la *materia prima* que alimentaba los divinos egos, Tlacaélel instituyó la llamada *guerra florida,* una campaña militar que no tenía fines de conquista, tendiendo exclusivamente a capturar prisioneros para destinarlos al sacrificio; la magnitud que cobró tan cruel costumbre despertó, en las poblaciones subyugadas, el odio a los aztecas, terminando por destruir la solidez del imperio. Los sacrificios rituales eran motivo de fiesta para cuantos participaban en ella como privilegiados espectadores, los cuales se arracimaban en la gran plaza, contemplando cómo las víctimas eran acostadas en los altares situados en lo alto de los templos, abriéndoseles seguidamente el pecho para arrancarles brutalmente el corazón, y por último se las decapitada y desollaba. Durante varias de las fechas subsiguientes, sacerdotes y penitentes se envolvían en las pieles humanas; en ocasiones incluso, ni los niños escapaban a esta infamia, inmolándoseles especialmente cuando se hacían ofrendas a Tlaloc, en general en la cumbre de las montañas, y cuanto más lloraran en el curso de la criminal ceremonia, más abundante sería la caída de las lluvias.

La sociedad azteca se dividió en clanes netamente diferenciados. En Tenochtitlán se alzaban suntuosos palacios, sólidas casas de piedra, pero la mayor parte de la población vivía en modestas chozas de barro, cañas o paja. En la cúspide estaban los nobles, de entre los cuales surgían los sacerdotes y funcionarios: constituían la clase dirigente y estaban exentos de tributos. Seguían los mercaderes, reunidos en corporaciones, y los guerreros que se distinguían en los campos de batalla: con frecuencia, éstos recibían como premio parcelas de tierra que cultivaban sus siervos. Venía después la clase de los artesanos, reunidos así mismo en corporaciones y, finalmente, la plebe, compañeros y ciudadanos que, aun gozando de plenos derechos, llevaban sobre sus espaldas el esfuerzo productivo y las alforjas tributarias. Sin embargo, su condición era bastante mejor que la de los moradores de las poblaciones subordinadas al Imperio; en el peldaño ínfimo de la escala social se encontraban los siervos (algo paralelo a la índole esclava), que eran presumiblemente los legales y genuinos propietarios de las tierras conquistadas por los aztecas. Y como colofón a esta graduación social *sui géneris*, los esclavos propiamente dichos, los prisioneros de guerra o ciudadanos libres que se habían ofrecido a sí mismos para pagar sus deudas. Todo hombre libre estaba obligado a llevar armas, sin exceptuarse ni siquiera a los sacerdotes, porque la guerra era el más noble de los hechos y la finalidad principal del Estado.

Según una lógica inexorable, las campañas militares prosiguieron, al tiempo que continuaba la expansión del Imperio en tiempos de Tizoc, sucesor de Axayacatl, y sobre todo durante el gobierno de Ahuitzotl, que lo extendió a sus límites máximos, englobando los territorios de los huaxtecas y los zapotecas, conquistando las regiones que corresponden a los actuales estados de Veracruz y Guerrero, y lanzándose más allá del istmo de Tehuantepec, hasta Guatemala. Para celebrar su pujanza, el gran conquistador invitó a aliados y enemigos a una grandiosa ceremonia en Tenochtitlán, en cuyo transcurso se inmolaron veinte mil prisioneros.

Con Moctezuma II, que subió al trono en 1502, se alcanzó el apogeo. Este hombre fue una auténtica antinomia, una figura contradictoria, que sintetizó en su persona la fundamental ambivalencia de la civilización azteca. Elegido para asumir el cargo supremo, mostró el despiadado rostro de sus predecesores, castigando a la ciudad, reacia a pagar el tributo debido, extinguiendo los fermentos que serpenteaban ya en el vasto Imperio; aprovechando la decadencia de Texcoco, puso finalmente término a la confederación entre Tenochtitlán, Texcoco y Tlacopán, centralizando la estructura imperial bajo la férula de Tenochtitlán. Sometió a Texcoco y le impuso el pago de tributos, poniendo a un príncipe de su estirpe al frente de la ciudad. Pero, simultáneamente, fue también un filósofo, un estudioso inclinado a la meditación y un apasionado defensor de las cuestiones religiosas. Mandó levantar en Tenochtitlán una especie de santuario, donde recogía las imágenes de todas las divinidades de los pueblos que conquistaban los aztecas. Conocía el mito de Quetzalcóatl; sabía que las profecías anunciaban su retorno, retorno que él temía silenciosamente. Alimentaban ese temor extraños prodigios acaecidos en el curso de su reinado. Las aguas del lago Texcoco se levantaron de súbito, formando grandes olas. Cierto día, algunos pescadores observaron que un gran pájaro gris, de una especie desconocida, sobrevolaba el lago; más de una vez, ciudadanos de Tenochtitlán afirmaron haber visto hombres de dos cabezas andando por las calles, que desaparecían luego, se esfumaban repentinamente como el fuego fatuo. Por último, cierto día se anunció al emperador que en una provincia lejana, sobre el litoral del golfo de México, se había avistado una gran casa, con enormes alas blancas, que avanzaba por el agua. Y fue éste, en verdad, un *funesto prodigio*, porque se trataba de una nave española.

Con una confianza que un mejor conocimiento de la situación y su ascendiente sobre sus hombres y sobre los indios habían reforzado, Hernán Cortés (llevaba a su lado, como consejera e intérprete, a la joven Malinche, a quien los españoles habían rebautizado con el nombre de doña Marina; se trataba de una esclava que le había regalado al conquistador extremeño un jefe de un poblado de la costa en señal de amistad) se adentró en territorio enemigo; flanqueado por la tropilla de porteadores y guías totonacos, la expedición abandonó, en plena temporada de lluvias, los bosques tropicales de la tierra caliente, trepando por impresionantes desfiladeros de las mesetas entre el Cofre de Perote y el pico de Orizaba, atravesando una de las regiones más desoladas de la *tierra fría*, para dar con la puerta de la fértil hoya de Tlaxcala. Los tlaxcaltecas dudaron en principio entre su odio hacia los aztecas y su desconfianza hacia los recién llegados (los invasores), y después de un tímido y fracasado intento de detener la marcha de los extranjeros, quizá el sentido común, el miedo, o la fobia que experimentaban hacia los aztecas, o las tres opciones juntas, les llevaron a aliarse con Cortés y sus guerreros, colaboración ésta que sería para el abanderado español de un valor incalculable. Llegados a Cholula el conquistador tuvo noticias de que Moctezuma, que se había mostrado cauto y conservador primero, queriendo cambiar de táctica a la desesperada, fraguaba un complot en el que ahogar la expedición española. Pero el extremeño era hombre de armas y harto acostumbrado, además, a batirse en situaciones difíciles, extremas, de las que hasta entonces había salido airoso. Y tampoco esta vez defraudó a quienes confiaban en él, poniendo en marcha una cruel y despiadada venganza: *tres mil indios fueron masacrados en Cholula*. Moctezuma hubo de rendirse a la triste y terrible realidad y se resignó, franqueando finalmente el paso entre las cumbres nevadas del Popocatépetl y el Ixtaccíhuatl, lo que permite a Cortés deslumbrarse con el brillo cegador de un limpio sol de un día de noviembre sobre la tierra que era su objetivo: frente a sus ojos están las lagunas del Anáhuac y las pirámides de Tenochtitlán, recibiendo él y sus hombres, por parte de Moctezuma, una bienvenida espectacular plagada de honores divinos. El azteca hizo promesas de sumisión y pleitesía a su *amo*, en quien suponía ver a Quetzalcóatl. Cortés, que era poco amigo de confiar en nadie, y menos en aquella gente, gracias a lo cual, según él, seguía vivo y continuaba avanzando en la misión que le fuera encomendada, secuestró a Moctezuma en el palacio donde se alojaban los conquistadores, alimentando la esperanza de gobernar México sirviéndose de su prisionero como intermediario. Pero cometió un gravísimo error al mandar destruir la estatua del dios Huitzilopochtli, hecho éste que motivó una enérgica protesta de los sacerdotes y un amago de sublevación por parte del pueblo. Pero los problemas del extremeño vendrían con mayor gravedad desde otras latitudes: con la llegada de la primavera arribaron también noticias muy inquietantes, ya que, para castigarle y apropiarse de su conquista, Velázquez había iniciado una

13

nueva expedición más poderosa que la del conquistador, expedición que tomó tierra en Veracruz, mandando su jefe, Pánfilo de Narváez, que las tropas se instalaran en Zempoala. Cortés, entre tanto, ordenó a Pedro de Alvarado que permaneciera en Tenochtitlán, partiendo él hacia Zempoala, donde en una acción rápida y por sorpresa, habilidad militar en la que el extremeño era un maestro consumado, hizo prisionero a Narváez, no sin antes haber sobornado a la totalidad de sus oficiales.

Desgraciadamente, Alvarado, hombre de no demasiadas luces y de escasos conocimientos humanos y militares, cometió un gravísimo error: incapaz de asumir la responsabilidad que le había asignado su capitán y temeroso al mismo tiempo de que pudiera repetirse el complot de Cholula, tuvo la *brillante idea* de pasar a cuchillo a millares de indios desarmados que se habían reunido para asistir a una celebración religiosa. Tras esta jornada de sangre y terror los españoles se hicieron fuertes en su palacio, ya que, ineludible y lógicamente, esperaban una reacción violenta y a la desesperada por parte del resto de pobladores del lugar. Cortés, conocedor del desafortunado evento que protagonizara su lugarteniente, regresó al frente de un nutrido grupo de refuerzos. Pero para entonces los aztecas ya habían encontrado quien les marcara pautas: Cuitláhuac y Cuauhtémoc, hermano y sobrino respectivamente de Moctezuma, muerto siendo prisionero de los españoles (1). Sitiado en el palacio

(1) Las primeras relaciones entre Moctezuma II y Cortés se desarrollaron, obviamente, bajo el signo de una recíproca ambigüedad y mutua desconfianza, y el conquistador extremeño, acuciado quizá por la premura del tiempo, no vaciló en forzar la situación: mediante uno de sus muchos *trucos audaces* (especialidad casi enfermiza del español) hizo prisionero al azteca —como ya se ha dicho—, confinándolo en el propio palacio que éste asignara a los invasores, conservándolo como rehén. Lo primero que hizo fue inducir al soberano a que ordenara a sus súbditos que entregaran oro, plata y piedras preciosas y que prestaran juramento de fidelidad a España. Pero cuando, por las razones que ya se han vertido en el texto, la suerte de Tenochtitlán y del mismo Moctezuma quedaron en manos de Alvarado, los cambios fueron muchos, profundos y sangrientos, como ya se ha visto. El azteca fue puesto delante de sus súbditos para ordenarles que cesaran en sus intentos belicosos y que prestaran obediencia total y absoluta al conquistador,

Cortés, se resistió a abandonar la ciudad, pero al fin, convencido de la esterilidad de la resistencia y consciente de que un enfrentamiento con los indios hubiera resultado fatal, en una noche de intenso aguacero, él y sus hombres consiguieron alcanzar una de las calzadas que conectaban Tenochtitlán con las costas, pero los aztecas, alertados, infligieron a los conquistadores una de las más severas derrotas que registra la historia de la colonización, que conllevó enormes pérdidas humanas: más de la mitad de ellos y casi la totalidad de los auxiliares indígenas fueron muertos o hechos prisioneros (opción esta última que podía ser mucho peor que la primera).

Dicen algunos historiadores que Hernán Cortés lloró amargamente al apercibirse de los trágicos matices, de la magnitud del desastre de la que se conoce por *la noche triste*. Pero el extremeño era hombre de unas condiciones especiales y de una capacidad de recuperación digna de encomio y fuera de toda duda. No, no iba a renunciar a Tenochtitlán. Pasando por Otumba, donde mató con sus propias manos al jefe del ejército azteca (pese a esta aseveración del autor francés François Weymuller, siguen existiendo muchas dudas a este respecto), se le abrió el camino de Tlaxcala donde, una vez más, contó con la fidelidad de los tlaxcaltecas, que le ayudaron a recuperarse, asegurándose una base más sólida, al someter metódicamente las regiones situadas entre Tlaxcala y Veracruz. De diversos navíos anclados en ese puerto, procedentes de las Antillas, pudo sacar Cortés refuerzos, armas y municiones; al finalizar el año 1520 disponía de fuerzas más considerables que al salir de Cuba: 900 hombres y 100 caballos. Auxiliado por millares de indígenas, se revolvió contra Tenochtitlán, incendiando las ciudades que se le resistían y respetando aquellas que se le aliaban, y así, Cortés y sus expedicionarios llevaron a cabo un vasto movimiento envolvente para aislar la capital por el sur; el asedio duró noventa días (el extremeño ob-

---

pero el pueblo ya había perdido la confianza y no respetaba a Moctezuma cual se debía a su dignidad y acabaron apedreándole. Nunca se ha establecido con claridad si la muerte del rey azteca fue causa del apedreamiento o si alguien intervino de una manera directa, asesinándole.

tuvo el dominio de la laguna mediante una flotilla de pequeños buques que hizo construir), siendo necesarios repetidos ataques, la hambruna, la viruela, precisamente aportada por los sitiadores, y la destrucción sistemática de la ciudad para poner de rodillas a los feroces defensores aztecas. Acosado barrio tras barrio, Cuauhtémoc tuvo al fin que capitular y pidió ser ejecutado (1521), pero Cortés le perdonó la vida (2).

La Corona española coincidía con los misioneros (franciscanos en su mayoría) en que su deber consistía principalmente en descubrir a los indios la fe y la civilización del Viejo Mundo, considerándolos vasallos obligados a tributar, al principio con iguales cuotas exigidas en su momento por los aztecas y luego menos gravosas. Para los colonos el autóctono representaba de entrada mano de obra gratuita que le permitiría extraer fáciles beneficios de aquellas tierras, de aquel país. Condenaron a la esclavitud a cuantos se atrevieron a resistirse armas en mano, consiguiendo, pese a las reservas de Hernán Cortés y luego de Carlos I, introducir en la Nueva España el sistema de encomiendas, por el cual el titular de una encomienda tenía derecho a percibir tributo y tomar trabajo gratis de un determinado número de indios (por término medio, algunos centenares). Como contraprestación se comprometía a instruirles en la fe cristiana, proteger sus personas y bienes, y a someterse, en caso de ser preciso, si las necesidades militares así lo exigían, a aportar un cierto número de hombres armados. *Era habitual que el encomendero demostrara ser mucho más consciente de sus derechos que de sus deberes* (posible deformación caciquil y arbitraria). Pero, ¿era la suerte de los indios sometidos al régimen de encomienda peor ahora que la padecida antes de la conquista? Para muchos de ellos la diferencia sólo estribaba en el cambio de propietario. Por lo referente a los indios que convivían en las misiones con los frailes, no podían ser

---

(2) Sin embargo, nunca estuvo seguro de que el joven héroe de la resistencia azteca se hubiera resignado a la derrota, y en el curso de la expedición a Honduras, tres años más tarde, Cortés mandó que lo ahorcaran.

conocidos en encomienda ni aun en los casos en que el superior hubiera sustituido a los misioneros; tanto si era para hacer trabajar a los indios como para evangelizarlos, no hubo discrepancias a la hora de reunirlos en poblados. Lo mismo que en las ciudades de la metrópoli, esos poblados tuvieron sus ayuntamientos por elección, los cuales se encargaban de administrar las tierras comunales inalienables (los ejidos) y la tesorería comunal, bajo un control de religiosos (¡dónde será que no anden metidos el clero y los militares!) o bien del corregidor; de hecho, en la mayor parte de casos, estos municipios sólo sirvieron para consolidar la autoridad, con frecuencia despótica y tiránica, de los jefes indígenas locales, los caciques (vocablo indio de las Antillas que los españoles utilizaron en México).

La Corona se esforzó en suprimir encomiendas y también la esclavitud; repetidamente prohibida esta última por los soberanos y condenada por el papado, fue desapareciendo de manera paulatina, pero, durante un amplísimo período de tiempo, fue la gran provisión de mano de obra para las minas, y la resistencia de los indios del norte fue pretexto para que los cazadores de esclavos pudieran proseguir tan pingüe negocio. La encomienda tenía todos los inconvenientes de los trabajos forzados y en los intentos de Carlos I por hacerlas desaparecer contaron mucho las consideraciones del humanitarismo. Hay que decir también que los soberanos españoles obtenían más ventajas del sistema de poblados libres cuyos habitantes pagaban los tributos directamente a la Corona. En 1523, Carlos I ordenó a Hernán Cortés que cancelara las encomiendas concedidas por el extremeño. La respuesta fue contundente y sorprendentemente negativa: *sería el fin de la inmigración y el abandono de toda esperanza de hispanizar Nueva España*. El soberano hubo de ceder, pero la lucha de la Corona contra la encomienda prosiguió, jalonada por una serie de compromisos según fuera la resistencia encarnizada de los colonos y las objeciones de las autoridades locales. Para empezar, Carlos I, al igual que antes hiciera Cortés, se conformó eliminando los abusos más escandalosos, prohibiendo que nadie pudiera ser obligado a realizar determinados trabajos, como porteador o minero; que la mujer pudiera ser separada de su marido o de los hijos, o que se obligara a trabajar a los indios hasta muy entrada la vejez. En 1542-1543, las Nuevas Leyes, elaboradas bajo la influencia del gran defensor de los indios, el dominico Fray Bartolomé de las Casas, establecieron que las encomiendas se extinguirían con la muerte de sus beneficiarios, que no podrían ser otorgadas a los oficiales reales ni a los eclesiásticos y que no significarían derecho a servicios personales. Lo mismo que en Perú, también en México tan excelentes intenciones se quedaron solamente en eso: *en intenciones*. Mendoza suspendió la ejecución de tales medidas y muchas de ellas fueron abolidas. Alrededor de 1566 se escuchó el rumor de que el monarca pensaba nuevamente en poner límite a la transmisión por herencia de las encomiendas; como respuesta, un grupo de encomenderos proyectó la resistencia abierta y la proclamación de un reino independiente en provecho de un hijo de Cortés. Considerada como una necesidad, como el fundamento mismo de la sociedad colonial, la encomienda persistió como mínimo en forma de tributo (sobre el cual, por otra parte, la corona obtenía un impuesto) hasta la cuarta o quinta generación; no desapareció definitivamente hasta 1875 en Yucatán.

Las medidas que fueron puestas en práctica para luchar contra los abusos y la extensión de la encomienda y de la esclavitud, contribuyeron sin duda a acentuar la necesidad de mano de obra, cosa que dio origen el repartimiento: unos magistrados nombrados al efecto, con la *inestimable colaboración* de los caciques locales, reclutaban grupos de trabajadores indígenas, quienes ahora sí recibían un salario. Pese a haber sido reglamentado meticulosamente por Martín Enríquez, el repartimiento dio lugar a tales abusos, que se hizo imprescindible adoptar medidas para proteger a sus víctimas: la sola abundancia de esas medidas da idea de cuán inefables fueron: *indios trasladados lejos de sus hogares, vergozosamente retribuidos, sometidos a violencias físicas, sin techo y casi sin comida...* El repartimiento no mejoró en nada, absolutamente en nada, a la encomienda. En teoría fue suprimido en 1632, excepto en lo que se refería al trabajo en las minas. *¿Podía el indio evitar la caída en la esclavitud, la encomienda o el repartimiento?* Con frecuencia se le explotaba en su poblado de origen por los funcionarios españoles, con la frecuente complicidad de su cacique; abrumado por prestaciones gratuitas de trabajo a que se le obligaba, o por las multas que le eran impuestas, forzado a comprar a precios abusivos mercancías que no siempre necesitaba o a vender a bajo precio lo que producía, el indio veía sus tierras invadidas por el ganado de los poderosos y a veces, incluso, expoliado por el propietario vecino.

*** *Le conquête avait été brutales, marquée par des massacres et des tortures atroces, qui expliquent, par exemple, la gravité de la révolte de la* Nouvelle Galice *en 1541. La période coloniale ne vit plus de soulèvement aussi dangereux, en dépit des abus du travail forcé: pour se défendre, l'Indien eut recours à la chicane. Un tribunal extraordinaire, le* Tribunal General de Indias, *avait été créé à Mexico par Philippe II pour juger les abus dont se plaignaient les indigènes. D'innombrables procès s'y engagèrent, notamment pour empêcher les usurpations de terres par les grands colons. C'était un autre aspect de la politique pro-indienne de la Couronne. Malgré cette protection, les* haciendas *continuèrent à s'étendre aux dépens des terres des Indiens* (3).

La decadencia de España y la decrepitud de su administración colonial alcanzaron el punto álgido, el tristísimo cenit, bajo el reinado de Carlos II, el último de los Habsburgo. El advenimiento de los Borbones, con la llegada al trono de Felipe V, señala el inicio de un período de resurgimiento que incidió en América al igual que en

---

(3) Así escribe en su obra, textualmente, François Weymuller, en su obra *Histoire du Mexique* (colección *que sais-je?*), publicada por *Presses Universitaires de France,* París, 1853. Traducimos las expresiones: La conquista había sido brutal, jalonada de matanzas y terribles torturas que explican, por ejemplo, la gravedad de la revuelta de Nueva Galicia en 1541. Un tribunal extraordinario, el Tribunal General de Indias, creado por Felipe II, juzgó los abusos de que se quejaban los indígenas. Innumerables procesos fueron abiertos, mayormente para evitar las usurpaciones de tierras por los colonos. El indio, por su parte, encontraba un medio de defensa en el embrollo, el enredo. No obstante estas protecciones, las haciendas continuaron extendiéndose a su costa y también sobre terrenos abandonados a causa de la despoblación.

la matrópoli. En general, los virreyes nombrados para Nueva España en el siglo XVIII fueron superiores a los del siglo anterior; uno de ellos, durante el reinado de Carlos III, Bucareli (1771-1779), fue un excelente administrador, y uno de sus sucesores, Revillagigedo (1789-1794), fue equiparable a los grandes virreyes del siglo XVI. El reinado de Carlos III (1759-1788) significó una época de grandes reformas coloniales inspiradas en el despotismo ilustrado, triunfante en España en aquel momento. Un visitador, José de Gálvez, fue enviado a México, mientras otros investigaban en América del Sur. Los objetivos prioritarios de la reforma de Gálvez fueron aumentar las rentas del Estado y mejorar la defensa del Imperio español. El *Pacto de Familia* a que se había llegado entre Luis XV y los Borbones de España había hecho que desapareciera la amenaza francesa. En el siglo XVIII fueron creados diversos mandos militares en los territorios del norte, mientras Gálvez impulsaba una guerra activa contra las tribus más agresiva, llevándose a cabo un reagrupamiento de las guarniciones, y la expansión hacia el norte fue reemprendida enérgicamente. A partir de 1776 las provincias del norte fueron agrupadas bajo el mando de un comandante en jefe, independiente del virrey de México, el cual debía aportarle, sin embargo, cualquier clase de ayuda en el mismo instante en que fuera necesaria. En el momento de máxima expansión este mando se extendía por California y Texas, y comprendía todo el norte del México actual. La labor de consolidación fue completada al crearse un ejército colonial cuyos soldados fueron mestizos o mulatos, con la posibilidad para los criollos de ostentar cargos de mando, pero siempre bajo las órdenes de los generales españoles. Con una fuerza que en el año 1800 era de seis mil hombres (sin contar los cuarenta mil de las milicias), este ejército recibió privilegios tanto judiciales como fiscales, privilegios éstos codificados en el fuero militar de 1768 y que propiciaron la creación de una elite castrense celosa, al igual que el clero, de sus prerrogativas: otra herencia, ésta en México, tuvo que soportar largo tiempo sobre sus espaldas.

Entre las reformas introducidas por Carlos III, algunas de ellas no pasaron de efímeras: los derechos de aduana se restablecieron por motivos financieros al finalizar el siglo. Otros de estos cambios crearon sus propios problemas: los intendentes y sus subdelegados designados eran españoles; los criollos, que con el tiempo habían conseguido ocupar cierto número de corregimientos, se consideraron marginados. Si bien la creación de la milicia nacional satisfizo su deseo de obtener mandos, algunos pensaron que esta fuerza podría ser utilizada contra los españoles. Además, Carlos III, al expulsar a los jesuitas de la Península, también los echó de las colonias. En México, en 1767, fueron obligados a abandonar sus veintitrés colegios y ciento tres misiones; dado que eran muy populares, su destierro causó el descontento en la población e incluso se produjeron algunas insurrecciones localizadas (e inmediatamente sofocadas). Por último, y con mayor importancia, las reformas del monarca español eran la expresión de una doctrina que tenía su raíz inmediata en las ideas de los filósofos franceses del siglo XVIII. Las reformas fueron el vehículo para la penetración de esos idearios en México, al igual que lo fueron para el resto de la América española; este hecho tuvo sus consecuencias en un país donde las teorías de Descartes (4) y

---

(4) René Descartes (La Haye/Turena, 1596–Estocolmo, 1650). Filósofo francés también conocido por su nombre latinizado —contra su voluntad— de *Cartesius*. Se educó en La Flèche (1604-1612), estudiando más tarde, en París, jurisprudencia, suspendiendo provisionalmente sus estudios en 1617, para sentar plaza como soldado en las guerras, primero de Holanda y luego en Baviera (1619). En este año, hallándose cerca de Ulm, tuvo el famoso sueño de la *ciencia admirable,* que él se encargaría de convertir en realidad. Prometió ir en peregrinación a Loreto, promesa que cumplió cuatro años después, retirándose luego, tras dejar sus andanzas, a París (1635-1628), donde conoció a madame Mersenne y al cardenal Bèrulle. De 1628 a 1649 data su estancia en Holanda; pero a partir de esa fecha encontró oposiciones, y al ser invitado por Cristina de Suecia, acudió a Estocolmo, donde murió. Llamado el padre de la filosofía moderna, enriqueció las matemáticas, la física, la metafísica, la medicina y la tecnología, creando la geometría analítica. Pero su fama consiste, sobre todo, en que señala la transición de la Edad Media a la Moderna. Trató de superar el escepticismo religioso y científico de su época, cuyo máximo exponente era Montaigne. Había que buscar un método para evitar el error, encontrar un conocimiento que pudiera resistir la prueba decisiva del escepticismo. Tal fue su objetivo: dar a la filosofía un camino y una construcción a cubierto de toda inseguridad, de toda duda. Para ello se rinde sin condiciones

Malebranche (5) eran tenidas como grandes novedades en la enseñanza oficial.

---

a la evidencia matemática, siempre clara y distinta. Así, partiendo de la duda inicial metódica, ésta quedó superada con su *cogito, ergo sum (pienso, luego existo):* la intuición inmediata de mi ser en el pensar, que se me presenta clara y distinta. Toda la filosofía posterior de Descartes consistió en aplicar este método y extraer las consecuencias que de él se desprendían, si bien muchas veces no llegó a radicalizarlas por convicciones ajenas a la filosofía. El *cogito* es la conciencia que el sujeto tiene de sí, prescindiendo del contenido del acto del pensar, el cual puede no existir. Descartes adopta, pues, un primado del sujeto sobre el objeto, de la conciencia frente al ser, aunque nunca negó la realidad del mundo exterior. Así mismo, erige la razón en criterio de verdad y de certeza, incluyendo también en el concepto de sustancia el problema del fundamento del ser, por lo que distinguió dos sustancias: la infinita o Dios, y la finita, que a su vez subdividió en espíritu (alma) y corpórea (cuerpo y seres materiales). Esta última división hizo que concibiera el alma y el cuerpo como dos sustancias separadas y, llevado de su concepción mecanicista, explicó su relación como una unidad de adición o suma (*unio compositionis*). En cuanto a Dios, le hace depender de la propia certidumbre de la mente humana porque, en efecto, sólo puede probarse la existencia de Dios por el hecho de que la mente es capaz de pensar en un ser prefecto: dato que la existencia se presenta como atributo necesario del ser perfecto, dicho ser (Dios) debe existir. El mérito perdurable del método cartesiano radica en haber erigido la duda como principio básico; duda que no puede confundirse con la duda existencial, dado que se trata de una duda provisional, aunque no por ello menos sistemática. La significación histórica de Descartes consiste en ser el iniciador y precursor del racionalismo y el idealismo modernos. Sus hombres principales son *Discours de la Méthode* (1637), *Prima Philosophia* (1641), *Principia Philosophiae* (1644) y *Tratado de las pasiones* (1649).

(5) Nicolás de Malebranche (1638-1715). Filósofo francés nacido en París, que fue miembro de la Congregación del Oratorio y principal representante del *ocasionalismo*. Su filosofía ensambla las características generales del sistema *cartesiano* con elementos derivados del *platonismo*. Según Malebranche, el mundo externo es directamente incognoscible: sólo conocemos las cosas externas en cuanto existen como ideas en la razón divina. Estas ideas de las cosas son presentadas a nuestra mente con *ocasión* de producirse las correspondientes impresiones en nuestro cuerpo. La existencia real misma del mundo externo es para Malebranche (como cristiano creyente más que como filósofo) un artículo de fe, comprendido en la doctrina de la creación. *No vemos las cosas materiales en sí mismas, sino en Dios,* razón universal y lugar de los espíritus. Sus dos principales obras son: *De la recherche a la vérité* (1674) y *Entretiense sur la métaphysique (1688).*

Los principios de los filósofos franceses y las declaraciones norteamericanas habían hecho que en una elite se perfilara, más precisa, la conciencia de los objetivos a ganar. La *Revolución Americana* y la *Revolución Francesa* les habían mostrado los medios y las posibilidades. Pero los agravios de los mexicanos contra la Administración española venían de más lejos: habían madurado lentamente desde los inicios del período colonial antes de manifestarse abiertamente.

En los indios, la inmensa mayoría de los cuales desconocían, obviamente, las ideas de Descartes, Malebranche y otros, posiblemente persistía, transmitido por la tradición oral, el recuerdo de las brutalidades de los tiempos de la conquista, pero lo que sin duda existía en ellos era la cólera engendrada por las expoliaciones y los abusos de que eran sufridas o impotentes víctimas por parte de los grandes funcionarios o los funcionarios subalternos blancos. Esta animadversión se había manifestado ocasionalmente en brotes insurgentes, localizados y abortados diligentemente por las fuerzas españolas. En 1767, ciento treinta y tres poblados tarascos de Michoacán se sublevaron, siendo ejecutados sus cabecillas. Pero el núcleo autóctono estaba en exceso dividido, aunque sólo fuera por el idioma, y eso generaba cierta confianza en los colonizadores sobre la imposibilidad de un levantamiento general. Por otra parte, los indios no hacían excesivas distinciones entre criollos y castellanos, desconfiando en la misma medida del mestizo que del blanco.

Una auténtica revolución en su completa magnitud como tal no se concebía a menos que un grupo de criollos o mestizos (contando con abanderados de cierta enjundia intelectual) la organizaran. Mestizos y criollos tenían agravios muy concretos contra una Administración lenta, rutinaria y corrupta, contra una justicia venal, contra una fiscalidad agobiadora, contra un sistema económico que facilitaba unos beneficios exorbitantes a los gachupines en detrimento del consumidor mexicano, males éstos que se vieron agravados por el desgobierno de Carlos IV y por las continuas guerras a las que se dejó arrastrar. Como ocurriera con los grandes burgueses de Francia en el siglo XIII, los criollos se sentían doblemente humillados al no poder ocupar cargos importantes en la Iglesia, el ejército o la Administración, pese a poseer mayores riquezas; lo que la mayor parte de ellos deseaban más claramente, no era participar con los españoles, sino reservarse por entero y para sí los honores y beneficios del gobernar y el negociar. También un sector de los mestizos aspiraba a esta participación o suplantación. En los criollos y mestizos más generosos se sentía, más allá de esas codicias, un amor sincero por la libertad y la conciencia de la originalidad del pueblo mexicano, vivificada por una vida intelectual más intensa a principios del siglo XIX y por el nacimiento de la literatura enraizada en el país y fomentada a partir del primer periódico, el *Diario de México,* fundado en 1805 por C. M. Bustamante. Si bien gran parte de los criollos despreciaban a los indios y no estaba en sus intenciones emanciparlos, sí estaban prontos a recuperar el pasado indio idealizado; el denominador común de todos estos sentimientos era la hostilidad hacia los españoles: *¡Muerte a los gachupines!* iba a ser el grito de guerra del primer levantamiento verdaderamente serio. Pero la animadversión contra la dinastía de Madrid no era absoluta ni generalizada. Fue la debilidad y la incomprensión de los gobiernos de la metrópoli, arrastrados por el torbellino de la política napoleónica, lo que de forma definitiva rompió cualquier vínculo entre México y España.

La entrada de las tropas del megalómano francés en la Península fue el choque decisivo que provocó el hundimiento de la dominación española en México y en casi todo el resto de Iberoamérica. Las colonias hispanas rehusaron reconocer el advenimiento de José Bonaparte (*Pepe Botella*) a Madrid después de la abdicación borbónica (1808). Al igual que lo hiciera la madre patria, las colonias se sublevaron contra la dominación francesa, proclamando su fidelidad a Fernando VII; patriotismo y lealtad aparte, el hecho de que esa dominación amenazaba en América lo mismo que en España, los intereses de la Santa Madre —e idénticamente los de los negocios, que podían temer la competencia de los comerciantes galos—. Pero los acontecimientos hicieron salir a la luz del día profundas discrepancias entre criollos y gachupines, ya que los primeros vieron en ellos una buena oportunidad para adquirir un protagonismo que se les había negado reiterada e insistentemente hasta entonces: de esta manera comenzó la lucha que debía conducir a México y los mexicanos hasta la independencia.

En México la querella tomó la forma (era el año 1808) de un conflicto entre la municipalidad criolla y los miembros españoles de la Audiencia. Dado que no se deseaba reconocer a José Bonaparte, existían al menos dos soluciones posibles: una de ellas era reconocer a las juntas populares creadas en España (Sevilla y Oviedo) como mandatarias de Fernando VII para dirigir la sublevación: ésa era la tesis de los gachupines de la Audiencia. Otra solución era constituir una junta mexicana que ejerciera el poder en Nueva España en nombre del monarca prisionero de Napoleón; esto fue lo que la municipalidad pidió al virrey en el curso de una reunión con la Audiencia, pero ésta, sospechando que los criollos aspiraban a la independencia, le dijo a la municipalidad *que se preocupase única y exclusivamente de las cosas que por derecho le atañían y que no se metiese en las que no eran de su competencia,* lo cual sirvió a los criollos para acusar a los españoles de pretender, por encima de todo y a costa de todo, la unidad entre España y América sin importarles el apellido dinástico. Entre un grupo y otro, el virrey, Iturrigaray, intentó hacer su propio juego (*a río revuelto...*); ambicioso y rebosante de codicia por todos los poros de su naturaleza, convencido de que Napoleón continuaría siendo el *dueño* de la metrópoli, vislumbró el día en que la junta criolla pudiera ayudarle a convertirse en el primer soberano de un México independiente y, pese a la oposición de la Audiencia, aceptó la convocatoria de una junta general de representantes de las ciudades mexicanas, pero, para abortar semejante tentativa, un grupo de españoles le arrestó en su propio palacio, nombrando la Audiencia, como sustituto provisional, a un militar de alta graduación y setenta y nueve años de edad, Garibay. Así fue como los propios españoles, ofuscados por la necesidad de asegurarse un virrey *dócil* y *asequible,* le dieron un soberano mazazo al prestigio de la institución que representaba en México a una monarquía ya decapitada. En un par de años, desde septiembre de 1810, tres titulares pasaron por el cargo y estos nombramientos sucesivos, designados por la Audiencia o por los jefes de la resistencia hispana, aumentaron la confusión, a la vez que el descontento iba *in cres-*

cendo por las exigencias de las autoridades españolas, que se esforzaban en reunir fondos para la guerra de España. Los criollos mexicanos no consiguieron el poder en 1810 como sí ocurrió en otros lugares de Sudamérica: sus abanderados estaban en la cárcel (el abogado Verdad murió en prisión, posiblemente asesinado), pero la marea insurrecta avanzaba levantando, cada vez más, olas gigantescas.

Al alba del 16 de septiembre, el cura de Dolores lanza las campanas al vuelo llamando a la revuelta a sus feligreses, quienes, en principio, suponen que acuden a misa; al grito de *¡Viva la Virgen de Guadalupe, viva la independencia!*, bajo la enseña de la Virgen india, una multitud de indios se pone en movimiento: engrosada por los campesinos que se unen a su marcha, unida en ruta con el regimiento de Allende, la columna se apodera de Celaya, luego de Guanajauto, a costa de un sangriento combate, y finalmente de Guadalajara y Valladolid. Transcurridos treinta días, el cura Hidalgo se encuentra a la cabeza de 80.000 hombres. Para él había dado al levantamiento un ideario que no había sido previsto por los conjurados de Querétaro; de esta forma, y presionado por las circunstancias, conviene en una *revolución india,* cuyos únicos jefes son criollos; ordenó la abolición de la esclavitud, al tiempo que prometía a los indios que sus tierras les iban a ser devueltas y los tributos derogados. Consecuencia: una guerra de razas, doblada de guerra de clases, cuyos excesos y violencias (secuela inherente desde *in illo tempore* a esta clase de movimientos) indignan a Allende y, sin duda alguna, también al párroco de Dolores; en Guanajuato, los españoles se habían atrincherado en el granero público y los indios, tras tomarlo por asalto, asesinaron a todos los defensores españoles, para luego saquear la ciudad. La insurrección se extendió como un reguero de pólvora alcanzando Saltillo, Nuevo León, y absorbía Texas, mientras un antiguo alumno de Hidalgo, su compañero de sotana Morelos, sublevaba la región de Acapulco y lo que en la actualidad es el estado de Guerrero. Curas, rancheros, incluso acemileros y meros campesinos, organizaron la guerrilla, unidos a criollos, indios y mestizos. Pero, como suele suceder siempre, los bergantes se mezclaron con los patriotas y en el desorden general, en el caos apocalíptico, las haciendas, los convoyes de mercancías o de metales preciosos son presas fáciles y tentadoras. Imponer a la revuelta una dirección única y una disciplina férrea era tarea difícil, por no decir imposible; tanto Allende como Hidalgo se esforzaban en instruir y equipar a sus fuerzas, que al principio estaban únicamente provistas con machetes, hachas y hondas. Hidalgo, arrogándose el título de capitán general de América, intentó así mismo organizar una administración regular, pero incluso sus oficiales empezaban a soportar a regañadientes la autoridad del clérigo.

La debilidad más grave del movimiento era que una gran parte de los criollos se acogía a los españoles por miedo a los indios; los grandes propietarios y terratenientes, los oficiales y funcionarios, permanecieron en su mayor parte fieles al gobierno del virrey, quien a su vez podía apoyarse en la autoridad espiritual de la Iglesia, que excomulgó *ipso facto* y *a divinis* (es de suponer) al jefe de los insurrectos, y en la lealtad de un ejército de 28.000 efectivos humanos cuya disciplina, armamento y, sobre todo, artillería eran infinitamente superiores a las de las fuerzas comandadas por Hidalgo y sus adlátares. Tomada por sorpresa en principio y dispersa, la milicia nacional se reagrupó posteriormente y el general Calleja recuperó las ciudades del norte; en la cordillera que separa Toluca de México, Hidalgo entró en contacto con fuerzas a las que Allende tiene casi copadas, pero no se atreve a lanzar a sus hombres sobre la ciudad de México, por temor a que el pillaje, tan difícil de controlar e impedir, haga perder toda cohesión a sus fuerzas. Al oponerse rotundamente el virrey a la propuesta de capitulación, Hidalgo tuvo que retirarse hacia el oeste y, atacado por el ejército de Calleja que descendía del norte, se vio obligado a abandonar bagaje y artillería para refugiarse a todo correr en Guadalajara; por su parte, Allende no consiguió defender Guanajuato, donde Calleja tuvo ocasión de vengarse de la matanza de gachupines, y el propio Calleja, no lejos de Guadalajara, en el puente de Calderón, hace trizas al ejército revolucionario y el resto de las fuerzas rebeldes huye hacia el norte. Un oficial insurrecto, decepcionado, les tiende una emboscada entregándoles a los españoles (febrero de 1811), siendo ejecutados los jefes del movimiento. Hidalgo, como más tarde el polémico general

27

estadounidense George Armstrong Custer en *Little Big Horn,* cayó con las *botas puestas,* honrosamente, bajo una lluvia de balas en Chihuahua (31 de julio de 1811).

Concluido el fuego revolucionario, la sociedad mexicana recuperó una precaria calma, que se mantuvo con pocas variantes hasta 1820. El nuevo virrey, Juan Ruiz de Apodaca, no tuvo grandes dificultades para mantener los territorios bajo su égida al margen de la convulsión revolucionaria, pero en 1820 estalló en España el movimiento liberal del general Riego, lo que habría de repercutir de manera decisiva en la historia mexicana. El liberalismo implantado en el poder en Madrid y la obligada adopción por parte de Fernando VII de la Constitución de Cádiz de 1812 no era una situación agradable para las clases dominantes americanas; de esta forma se produjo una curiosa coincidencia de intereses: el viejo patriciado terrateniente comenzó a anhelar la independencia como forma de mantener el sistema de monarquía absoluta y la integridad de sus privilegios, alejados de los vientos liberales que soplaban en la metrópoli. Los sectores criollos vinculados a los mercados comerciales internacionales aspiraban, desde hacía mucho tiempo, a la independencia, que les otorgaría el control absoluto de sus negocios y la posibilidad de adoptar una política económica liberal afín a sus intereses; y los sectores del campesinado, los indios agricultores, los rancheros y, en general, los que habían apoyado la revolución de 1810, aspiraban, conducidos por Guerrero, a una independencia que les permitiera incidir en la vida política y mejorar su condición. La *entente* entre los intereses de esas tres clases sociales, unidas en aquel momento por un superior interés nacional, fue expresada por el caudillo militar Agustín de Iturbide; hombre comprometido con la oligarquía terrateniente y ahíto de ambiciones personales, Iturbide fue nombrado por el virrey comandante del distrito sur, con el encargo especial de reprimir a Guerrero, pero en vez de combatir al guerrillero popular, buscó un pacto con él, sobre la base de la declaración de la independencia mexicana, acordando ambos caudillos, entonces, el llamado *Plan de Iguala,* que constaba de tres grandes directrices: *declaración de la independencia, manteniendo a México como monarquía absoluta bajo la corona* de Fernando VII; *conservación de los credos católicos* y, por último, *una retórica alianza perpetua entre españoles y mexicanos.*

Proclamado *Libertador,* gran almirante y generalísimo de los ejércitos de México, Iturbide, megalómano y ambicioso donde los hubiera, comenzó a comportarse como un monarca; en 1822, Guatemala se adhirió a la monarquía mexicana, y esto agudizó las ambiciones del caudillo, y finalmente, el 18 de mayo de 1822, Iturbide provocó un pronunciamiento militar por el cual el Congreso de la Nación, reunido desde el 24 de febrero, expulsó a los republicanos, proclamando el Imperio Mexicano, con Agustín de Iturbide como emperador. El pronunciamiento significaba, en términos sociales, un golpe de estado por medio del cual la vieja oligarquía terrateniente imponía su dictadura sobre los restantes sectores sociales, mas la nación rechazó por abrumadora mayoría la maniobra, alzándose en armas. Guerrero volvió al primer plano del movimiento insurreccional y también a las sierras sublevando el norte del país; y el general Antonio López de Santa Ana se alzó en Jalapa, en diciembre de aquel año. Rápidamente depuesto, Iturbide abdicó en marzo de 1823, siendo desterrado por las nuevas autoridades, pero su intento de vuelta con ideas nada claras (según criterio de las nuevas autoridades, fue descubierto y capturado) le llevó frente al pelotón de fusilamiento el 19 de 1824. El Congreso de la Nación, ganado por los elementos liberales de la burguesía criolla, aprobó entonces una Constitución republicana, representativa y federalista, naciendo así la República Mexicana, y su primer presidente, Manuel Félix Fernández, más conocido como Guadalupe Victoria, prestó juramento el 4 de octubre de 1824, siendo los primeros países en reconocerle Inglaterra y Estados Unidos.

La República Mexicana nacía a la vida independiente en situación de extrema precariedad; la distribución de las riquezas nacionales seguía siendo tremendamente injusta y los criollos liberales no manifestaban intención alguna de modificarla. Los sectores pobres del medio rural veían frustradas sus esperanzas de cambios y de influencia en el gobierno de la nación; no había centros de autoridad claros e incluso el propio ejército, grande y poderoso, estaba dividido por caudillos militares hostiles entre sí; a todo este difícil panorama debía sumarse la creciente animadversión del poderoso vecino del Norte (EE.UU.), que ambicionaba buena parte de las ricas y fértiles tierras del norte mexicano. En estos períodos, las figuras de los grandes líderes adquirieron ribetes decisivos, y en México, el hombre del momento fue Antonio López de Santa Ana. Su personalidad aguda, contradictoria, primitiva y difícil, predominó, sin la menor duda, en aquellos escabrosos primeros años de la vida mexicana. Los intentos de la restauración española fueron derrotados (4.000 hombres de Fernando VII desembarcaron en 1829) y los peninsulares fueron expulsados por un decreto de 1827. Mucho más difíciles resultaron los golpes y contragolpes al asalto del poder; Guerrero volvió a las andadas (a las armas, claro) y logró la primera magistratura al derrocar al presidente Pedraza, pero el viejo y carismático caudillo fue, a su vez, derrotado y capturado y, sin consideración alguna por su pasado revolucionario, lo fusilaron en febrero de 1831. Este hecho sirvió de pretexto para un levantamiento de Santa Ana, reconocido como presidente en 1832, reformándose la Constitución de acuerdo con el llamado *Plan de Toluca* y el régimen federal fue sustituido por el más rígido de los centralismos. Se inauguró entonces un período de anarquía militar, durante el cual la personalidad dominante fue la de Santa Ana, lo que ha hecho que se conozca esta etapa de la historia de México como el *Satanismo;* once veces ocupó aquel *number one* la presidencia de la República entre 1833 y 1855, siendo el balance que se desprende de sus respectivos mandatos claramente negativo; jamás tomó las medidas reformistas que el pueblo requería, no logró la unidad pacífica del país y se enzarzó en una nefasta guerra con los Estados Unidos que le costó a México prácticamente la mitad de su territorio.

El conflicto con el todopoderoso y odiado enemigo yanqui comenzó con el problema de Texas, estado mexicano. El gobierno de los Estados Unidos infiltró pacientemente ganaderos en el territorio y cuando éstos fueron suficientemente poderosos, pretextando el desconocimiento de sus derechos por parte del Gobierno, proclamaron la independencia del Estado; el general Samuel Houston, americano del norte, apoyó el pronunciamiento, detrás del cual estaba la autoridad gubernamental de Washington. Santa Ana invadió Texas en 1836 al frente de 8.000 hombres, logrando derrotar a los sublevados en el mítico combate de El Álamo; pero posteriormente fue vencido en el río San Jacinto por Houston, que le hizo prisionero, obligándole a aceptar la instauración de la República de Texas, que al instante fue reconocida por Estados Unidos, pero México se negó a hacerlo; pero cuando nueve años después los texanos solicitaron formar parte de la Unión, la guerra fue ya inevitable, que estalló en 1845; aunque cabe decir en honor a la verdad que esa guerra no fue tal guerra, porque la anarquía reinante en México hacía imposible toda resistencia nacional enfocada desde una perspectiva seria de unidad y repudio contra el invasor. Santa Ana, que por entonces se encontraba en el exilio, regresó, poniéndose al frente del ejército, aunque, como era lógico y de prever, sin conseguir resultados importantes (y mucho menos positivos), a pesar de que él y sus hombres, por esta vez, desplegaron un heroísmo sin precedentes (defensa de los fuertes de Molino del Rey y Casa Mata). Tres años necesitaron los norteamericanos para ocupar la capital, pero finalmente lo hicieron, forzando una paz leonina. El tratado de Guadalupe Hidalgo, firmado el 2 de febrero de 1848, dejaba en poder de Estados Unidos los estados de California, amén de Texas, naturalmente, y otros territorios menores, hasta formar una superficie de 1.350.000 kilómetros cuadrados. México había perdido la mitad de su poderío territorial, recibiendo a cambio la condonación de algunas deudas y un puñado de dólares.

Santa Ana fue nuevamente separado del poder por su fracaso en la guerra, pero el país continuó sumido en conflictos civiles mientras liberales y conservadores luchaban para alzarse con la más alta magistratura de la nación, acusándose mutuamente de la derrota del reciente contencioso. Por último, el sempiterno caudillo regresó a la silla presidencial, proclamándose dictador perpetuo (octubre de 1853), iniciando de esta manera su postrer y más absolutista período gubernamental. Sumido en la corrupción, el viejo caudillo se precipitó hacia el abismo con centelleante rapidez: por diez millones de dólares vendió a Estados Unidos otra parte del territorio nacional, para pagar los gastos y déficits que su desastrosa administración generaban. Ésta fue la gota que colmó el vaso de la paciencia de los nacionalistas y liberales que se alzaron en armas contra el oligarca, redactando, personalidades civiles y militares, el llamado *Plan de Ayutla,* que prescribía el *compromiso de eliminar a Santa Ana* del poder y adoptar una serie de reformas básicas que hicieran posible el fin de la permanente anarquía que reinaba en el país desde la independencia. Encabezados por Juan Álvarez e Ignacio Comonfort, los liberales sublevaron el país y Santa Ana no tuvo más opción que dimitir por enésima vez, escapando de México; Álvarez, al frente de un ejército popular integrado por indios y mestizos, tomó la presidencia formando su gobierno: el ministro de Justicia era un joven indio zapoteca nacido en el estado de Oaxaca que se llamaba Benito Juárez.

Benito Juárez es reconocido, rindiendo tributo de pleitesía a la verdad, la razón, la honradez y la justicia, *como el fundador de la nación mexicana;* su liberalismo radical y progresista, teñido de revolución social, logró convertir al convulso país de Santa Ana en una de las repúblicas más progresistas de la América independiente. Ya desde su actuación como ministro destacó por su liberalismo (casi exacerbado) ilustrado y anticlerical (pese a ser un creyente convencido): la llamada *Ley Juárez,* que atacaba duramente los privilegios eclesiásticos, determinó una fortísima reacción por parte de las facciones más conservadoras de la nación, que (una vez más e iban...) se alzaron en armas contra el presidente Comonfort, quien, aconsejado por Benito, combatió durísimamente el movimiento insurreccional, expropiando los bienes de las congregaciones y autoridades eclesiales comprometidas en la rebelión, e hizo aprobar una constitución (febrero de 1857) de carácter radicalmente laico y anticlerical. La Iglesia, aliada a los sectores más conservadores y radicales (para variar, claro) de la sociedad mexicana, reaccionó (una especie de *derecho al pataleo*) con vigor *(sic.),* excomulgando a los responsables de la nueva política: Comonfort, nervioso y asustado, vacilante y perdida la *carta de navegar*, destituyó a Juárez, enviándole a prisión. Pero éste tenía ya prestigio propio y grandes masas populares se movilizaron en su apoyo y defensa. Más confundido que nunca, Comonfort, incapaz de proseguir por la senda emprendida, renunció a la presidencia en febrero de 1858 y entonces, los católicos y los conservadores a ultranza, proclamaron presidente a Zuloaga pero, reunidos en Querétaro, los liberales reafirmaron la vigencia de la Constitución de 1857, elevando hasta el sillón presidencial a Benito Juárez. El oaxaqueño se instaló en Veracruz, de forma y manera que, en aquel momento, México tenía dos gobiernos. El general Miramón, abanderado de los conservadores, llevó las ventajas militares en los primeros tiempos de la guerra y a punto estuvo de capturar y pasar por las armas a Juárez, en más de una ocasión; sitió por dos veces Veracruz pero las constantes movilizaciones de los juaristas, que amenazaban la mismísima capital federal, le obligaron siempre a regresar sin haber consumado su propósito. Entre tanto, y desde su reducto, don Benito dictaba leyes francamente revolucionarias: libertad de pensamiento y de cultos, separación de la Santa Madre y el Estado, matrimonio civil, secularización de los registros y cementerios, expropiación de los bienes del clero... La lucha se encarnizó, pero el apoyo de las grandes masas desposeídas produjo la victoria juarista, y el líder zapoteca entró triunfante en México el 11 de enero de 1861. La política de Juárez en el poder profundizó las reformas emprendidas en una línea anticlerical, reformista y nacionalista; los bienes expropiados a la Iglesia fueron repartidos entre los campesinos pobres, las autoridades eclesiales fueron desterradas y se decretó la suspensión de pagos de deuda externa por un período de veinticuatro meses. Esta medida nacionalista fue la que motivó el intervencionismo militar de las potencias europeas afectadas, según el plan de expansión colonial que por entonces estaba llevando a cabo Europa. En octubre de 1861 España, Francia e Inglaterra firmaron en Londres un tratado, merced al cual se comprometían a intervenir militarmente en México, a efectos de conseguir el pago de lo que este país adeudaba, custodiando así mismo vida e intereses de los súbditos extranjeros que allí residían. Se conjuraron para suplantar a Juárez, creando las condiciones necesarias para que el pueblo mexicano eligiera *libremente* otro gobierno *que asegurase la tranquilidad interna y el cumplimiento de todas las obligaciones internacionales contraídas*. Los invasores arribaron al puerto de Veracruz en enero de 1862 pero, tras algunas negociaciones, el representante español, general Juan Prim y Prats, decidió retirarse, prediciendo el fracaso de la tentativa, marchando con él las fuerzas del Reino Unido, por lo que sólo quedaron las huestes napoleónicas, dado que Napoleón III rehusó cualquier trato con Juárez. Pese a la heroica resistencia que protagonizaron González Ortega y Comonfort, los franceses penetraron en la capital de México el 11 de junio de 1863, mientras don Benito y su gobierno huían hacia el interior del país.

Una junta, dominada por los galos e integrada por el elemento más rígidamente conservador y hostil a Juárez, aprobó entonces una ley por la cual México se convertía (como por arte de birlibirloque) en una monarquía católica (apostólica y romana) que ofrecía la corona —de acuerdo con las maquinaciones del monarca francés Napoleón III— al archiduque Maximiliano de Habsburgo, que llegó a México en compañía de su esposa Carlota de Bélgica, en junio de 1864, después de que un plebiscito le diera el *apoyo de los mexicanos*.

Juárez, desde Paso del Norte (actual Ciudad Juárez), dirigía una resistencia que, a cada instante, crecía en fuerza y poder.

Maximiliano se instaló en México en medio de una corte al estilo vienés (copia exacta de la de su hermano Francisco José y Sissi de Baviera), que hacía las delicias de los oligarcas mexicanos, pero el honesto emperador se negó, ante el estupor general, a anular las leyes básicas de Juárez, buscando quizá el apoyo de los sectores liberales, esfuerzo éste que resultó estéril, pero que sí logró enemistarle con los conservadores radicales, que miraban con desconfianza a aquel aristócrata con frivolidades liberales, que hablaba bien de don Benito, respetaba sus leyes y había adoptado un pequeño mexicano para que le sucediera, puesto que no tenía descendencia. Pero, sin apoyos realmente firmes, la loca aventura imperial estaba condenada al fracaso. Las derrotas europeas infligidas a Napoleón III determinaron el fin de sus sueños imperialistas y la decisión de retirar sus efectivos militares de México, medida que, a la par que transgredía la palabra dada a Maximiliano, significaba la caída definitiva del Imperio mexicano. La emperatriz Carlota viajó a Francia para tramitar desesperadamente una revocación de tal *desatino,* pero no tuvo éxito; abandonado pues a su suerte con unos cuantos batallones que le eran fieles y envuelto en la hostilidad general, el infortunado Habsburgo buscó un acuerdo con Juárez, al que éste se negó en redondo. Rodeado en Querétaro, Maximiliano y sus dos principales generales, Miramón y Mejía, fueron capturados por el general Escobedo y Benito Juárez, inflexible ante las voces que clamaban por la vida del emperador, entendió que el asunto debía ser un escarmiento y ordenó el fusilamiento del mismo y de sus más destacados colaboradores. Maximiliano murió serena y dignamente, junto a Marimón y Mejía, el 19 de junio de 1867, poniendo punto y final a la trágica aventura imperial; la emperatriz, desairada por Napoleón III, enloqueció al saber el fusilamiento de su marido, hecho que ha sido objeto de una vasta literatura romántica.

El 15 de julio de 1867, Juárez, en medio de una verdadera apoteosis, del delirio general de sus seguidores, simpatizantes, incondicionales y amigos, entraba por segunda vez en la capital de México; ya no era solamente el *number one* liberal y reformista que aclamaban las masas desposeídas sino, también, el héroe nacional, salvador y salvaguardia de la independencia y el honor de la patria. Reimplantó la vigencia constitucional de 1857, continuando en su línea de gobierno para dar prioridad ahora a la planificación nacional y a la extensión de la enseñanza a las clases populares. Elegido de nuevo presidente en 1871, falleció súbitamente el 18 de julio de 1872, dejando un país transformado y pujante, laico y progresista, lleno aún de graves problemas económicos y sociales, pero consolidado como una nación soberana y respetada en el mundo.

La desaparición de Juárez dio paso al largo período de dictadura encabezado por el general Porfirio Díaz Mori, héroe de la lucha antiimperial y hombres estrechamente vinculado al liberalismo juarista. Más allá de ocasionales aciertos, su égida significó un retroceso claro respecto al período anterior, gestando las grandes contradicciones que estallarían con la gran revolución de principios del siglo XX. Díaz derrocó a Lerdo de Tejada, sucesor de Juárez, haciéndose proclamar presidente de la República el 5 de mayo de 1877, tras un confuso período de guerras civiles, y se mantuvo en el poder hasta 1911, con alguna breve interrupción, en cuyo transcurso siguió ejerciendo decisiva influencia. En treinta y cuatro años de gobierno se cometen (se pueden cometer, para ser honestos y exactos, auténticas barbaridades), como es fácil y previsible suponer, numerosos errores y hasta se consiguen, a veces (muchas de ellas por verdadera casualidad), importantes aciertos. Pero en el *porfiriato* lo interesante es averiguar qué intereses se ocultaban tras la política que siguió al omnímodo presidente. Está diáfano que Porfirio Díaz sirvió las *necesidades* de la nueva burguesía industrial mexicana, manteniendo aquellas reformas de Juárez que coincidían con su proyecto nacional y evitando la profundización de las mismas hasta el punto de poner en peligro los intereses generales del capitalismo incipiente que ya estaba madurando. Por eso, desde una óptica progresista, encontramos que, durante el *porfiriato,* México realizó progresos importantes en aspectos materiales (redes ferroviarias, caminos y vías de comunicación, impulso a la industrialización, estímulo a la inversión, extensión de la sanidad y la enseñanza), pero aun así sus limitaciones fueron grandes, más que sus logros. Díaz mantuvo al pueblo al margen de la vida política, aplicando una dictadura personalista que, inevitablemente, cayó en la corrupción; fomentó un liberalismo económico trasnochado que generó grandes desigualdades sociales y procuró obviar al máximo los graves problemas rurales —como si para él no existieran—, ignorando las urgentes necesidades de un campesinado paupérrimo, víctima aún, pese al reformismo juarista, de una oligarquía xenófoba y voraz.

Elegido bajo la bandera de la no reelección y respetando esta política en un principio, Porfirio fue reelegido permanentemente hasta 1908, restableciendo las relaciones diplomáticas con Francia y pagando escrupulosamente la deuda externa, al tiempo que buscaba sanear la economía interna con impopulares medidas austeras. Reorganizó el ejército, combatiendo con éxito el bandidaje en el medio rural, adoptando el patrón oro para su moneda y alcanzando el éxito diplomático de ser invitado a la *Conferencia de la Haya* de 1899; México fue el único país americano que asistió. Durante sus gobiernos, y al impulso del desarrollo del capitalismo internacional, el país se industrializó, formándose un proletariado de concentración relativamente alta, surgiendo las primeras organizaciones de carácter marxista. Todo esto da una imagen de progresismo que desmiente la frialdad de las cifras y la creciente impopularidad del régimen: a la conclusión del *porfiriato,* México poseía un nivel económico de fuerte dependencia extranjera, una sociedad desgarrada por conflictos sociales y manifiestas desigualdades, y dominada por un grupúsculo de familias poderosas, propietarias de la fábricas y las tierras, y un índice de analfabetismo rayano en el 80 por 100. Detrás de la fachada estable del régimen, se desarrollaban, sombríamente, las contradicciones que desembocarían en una revolución de las más violentas y profundas (que, tratándose de México, ¡ya es decir!) que haya vivido el continente americano. Reelegido por enésima vez en 1908, Porfirio Díaz se hacía ya insoportable para los sectores del nuevo liberalismo ilustrado de las ciudades, ansiosos de libertades democráticas y de posibilidades de influir (y estar) en el gobierno, tanto como para los sectores campesinos, que buscaban reemprender la senda transformista de Juárez. La prensa empezó a hacer objeto al presidente de furiosos ataques, destacando en esta línea el rotativo *El Tercer Imperio,* dirigido por el joven liberal Francisco Indalecio Madero. Acostumbrado (francamente, muy mal acostumbrado) a mandar, Díaz clausuró dicho periódico al tiempo que encarcelaba a Madero; pero estos hechos generaron el estallido de un movimiento liberal de enorme envergadura, destinado a transformar profundamente la sociedad mexicana; Indalecio Madero pudo escapar de prisión y se puso al frente de un pronunciamiento revolucionario que se formó en torno del llamado *Plan de San Luis,* programa de reformas redactado por el propio Madero. El torbellino insurrecto, que contaba con el apoyo generalizado del pueblo e incluso con respaldo militar, se extendió inconteniblemente, obligando a la renuncia a Porfirio Díaz, el 25 de mayo de 1911; poco tiempo después, Francisco I. Madero fue elegido presidente de la República, pero su administración estuvo marcada por la desgracia, ya que, en junio de 1912, el país padeció una terrible sucesión de inundaciones y terremotos que causaron trágicos estragos; el nuevo gobierno debió enfrentarse a sublevaciones armadas y, para colmo, el propio presidente fue asesinado la noche del 21 al 22 de febrero de 1913. Quedó el poder en manos de Victoriano Huerta, pero la nación se sumergía velozmente en el turbulento océano de una guerra civil. A la candidatura de Huerta se opuso el llamado *Partido Constitucionalista*, encabezado entonces por Venustiano Carranza, en cuyas filas destacaba el caudillo rural Pancho Villa (cuyo verdadero nombre era José Doroteo Arango Arámbula). Tras la toma de Torreón por las fuerzas insurgentes y la ejecución de algunos de sus fieles, Huerta disolvió el Congreso, tomando poderes absolutos. El conflicto civil, que se extendía comprometiendo cada vez más gente y más sectores sociales, se complicó con la intervención de Estados Unidos, que exigieron a Huerta una reparación por el encarcelamiento de algunos marinos norteamericanos, que habían sido, además, inmediatamente liberados. Las tropas yanquis penetraron en territorio mexicano ocupando Veracruz, mientras el presidente sostenía con dignidad el honor nacional. Pese a esto, acosado por los constitucionalistas y ante nuevos brotes revolucionarios —el abanderado agrario Emiliano Zapata—, Huerta hubo de renunciar y exiliarse, en 1914. Pronto surgieron divergencias entre los jefes constitucionalistas, en el transcurso de las cuales quedó en entredicho la autoridad de Carranza; es obvio señalar que estos conflictos trascendían el marco de las rivalidades personales, apareciendo más bien como expresión de los encontrados intereses de los sectores que impulsaban un movimiento heterogéneo y policlasista. Un intento de acuerdo en Aguascalientes terminó en rotundo fracaso, mientras Venustiano Carranza y Pancho Villa se enfrentaban ya directamente por el poder; derrotado don Venustiano, pidió auxilio a las tropas norteamericanas que, en escaso número pero muy bien pertrechadas, invadieron México, pero los guerrilleros de Villa les derrotaron de forma aplastante en el Carrizal, en un glorioso episodio para las armas mexicanas, que ya ha sido incorporado a la mitología nacional. Pese a tan sonada victoria, Villa no pudo derrotar a Carranza, que contaba con sólidos apoyos internos, y aunque la capital quedó en su poder, el caudillo-bandolero fue vencido por

Obregón, otro de los generales revolucionarios formados al amparo del constitucionalismo, y tuvo que abandonarla. Venustiano Carranza, entre tanto, adoptaba importantes medidas progresistas: una Ley de Tierras, insistentemente exigida por Zapata, y la convocatoria de una Asamblea constituyente, que aprobó la Constitución de 1917, de carácter democrático avanzado, significando el primer logro constitucional de la Revolución. El general Carranza fue elegido presidente constitucional, mientras otro general, Obregón, anunciaba su renuncia a la vida política.

Pero el gobierno de Carranza no aplicó la Constitución, fracasando así mismo en la profundización del proceso, lo que motivó el retorno a las inquietudes de cartuchera y fusil; el asesinato de Emiliano Zapata, ocurrido en abril de 1919, abrió una profunda herida en el movimiento revolucionario y el gobierno fue acusado de complicidad en el crimen; con la muerte de Zapata quedó decapitado el sector más radical y más puro del ideario insurreccional. El creciente desprestigio del gobierno de Carranza dibujó como alternativa la candidatura del general Obregón, a quien no se le hubo de presionar en exceso para que abandonara su voluntario exilio y, tras una campaña electoral plagada de violencia (maniobras características de Venustiano), Obregón resolvió tomar cinto y revólveres y, junto a Plutarco Elías Calles y Adolfo de la Huerta, consiguió derrocar a Carranza, entrando triunfalmente en México el 9 de mayo de 1920. Pocos días después, Venustiano Carranza caía asesinado en un lugar de la sierra de Puebla llamado Tlaxcalantongo. Un acuerdo político resolvió la renuncia de los candidatos presentados hasta ese momento y la elección de un presidente con amplio respaldo, condiciones que convergían en la persona de Adolfo de la Huerta, que asumió el poder interinamente y aplicó una llamada *Ley de Tierras Ociosas,* de gran profundidad transformadora y que atacaba frontal y directamente a los latifundistas. Durante su gobierno se fundó el *Partido Comunista Mexicano.* Al término del interinato de De la Huerta, fue elegido, ¡por fin!, Álvaro Obregón, el hombre más prestigioso del momento. En el decurso de su administración, la revolución adquirió un tinte socialista, creándose la *Confederación General de Trabajadores,* impulsándose así mismo la puesta en marcha de sindicatos, progresando al unísono la legislación obrera y profundizándose en la reforma agraria. La educación se extendió, en forma gratuita y laica, a todo el país y se favoreció la investigación científica y la divulgación del folclore mexicano. Estados Unidos se negó a reconocer el gobierno de Obregón, pero lo hizo en 1923, cuando el alto mandatario mexicano le regaló a Washington algunas concesiones importantes.

Durante el gobierno del sucesor de Obregón, Plutarco Elías Calles, la revolución continuó su línea transformadora, pero adquiriendo unos tintes dramáticos el enfrentamiento con la Santa Iglesia; finalmente, los obispos mexicanos adoptaron la extrema medida de cerrar los templos en todo el país, actitud que contaba con el consentimiento expreso de Su Santidad Pío XI, dimanando de este conflicto la llamada *Revolución de los Cristeros,* surgida del seno de masas de campesinos católicos y que acabó creando graves problemas en el trienio comprendido entre 1927-1930. Además de combatir a la Iglesia por sus injerencias en la política del país, Calles impulsó la creación de nuevas escuelas rurales y fundó el *Banco Nacional de México,* mientras la reforma agraria continuaba sin pausas, aumentando las confiscaciones y el equitativo reparto de tierras. En 1928 hubo elecciones, resultando elegido presidente el siempre prestigioso Álvaro Obregón, pero el 17 de julio de aquel mismo año, antes de su toma de posesión, el caudillo fue asesinado a balazos por un fanático religioso. Había creado el *Partido Nacional Revolucionario* (PNR), germen de lo que sería luego el PRI. Emilio Portes Gil, hombre de un ideario calcado al de Calles y Obregón, fue elegido en su lugar, ejerciendo la presidencia hasta 1930, año en que fue sustituido por Pascual Ortiz Rubio, pero, víctima éste de un atentado, hubo de renunciar, siendo sustituido interinamente, en 1933, por Abelardo Rodríguez. Estos gobiernos siguieron, a grandes rasgos, la política revolucionaria de los anteriores, siendo la reforma agraria y la extensión educativa sus principales y más importantes preocupaciones, amén del perpetuo conflicto con la Iglesia católica. La creciente dependencia industrial del país con respecto al omnipresente y poderoso vecino del Norte (Estados Unidos) era otro elemento en verdad preocupante.

Con el advenimiento a la presidencia de la nación de Lázaro Cárdenas, uno de los más populares y acertados máximos mandatarios surgidos del movimiento insurreccional mexicano, se inició el período de consolidación del proceso, finalizando la convulsa etapa de las luchas civiles y las resistencias al proceso. Cárdenas gobernó de 1934 a 1940, concluyendo la reforma agraria —las limitaciones del proceso no le son imputables—, nacionalizando los ferrocarriles, creando infinidad de escuelas en todo el país, al tiempo que daba apoyo y soporte a la sindicación obrera (CTM, *Confederación de Trabajadores Mexicanos*), y utilizaba así mismo el Estado en forma paternalista e intervencionista. Creó el *Partido de la Revolución Mexicana*, llegó a una *entente* con la Iglesia y legalizó el *Partido Comunista*. En política internacional, mantuvo una solidaridad activa con los movimientos progresistas de todo el mundo y fue proverbial su postura en defensa de los emigrados republicanos españoles, así como su negativa —y la de sus sucesores— a reconocer el gobierno dictatorial y fascista del generalísimo Franco. Pero la máxima gloria la obtuvo con su medida de nacionalizar el petróleo que, al margen del valor estrictamente económico que pudiera tener, se convirtió en una bandera de soberanía nacional, dadas las inicuas presiones que las compañías afectadas y los gobiernos que las respaldaban ejercieron sobre Cárdenas y a las que éste respondió con dignidad. El 18 de marzo de 1938, fecha del decreto de nacionalización, fue declarado *Día de la declaración de la independencia económica de México*.

Cárdenas concluyó su período presidencial el año 1940, envuelto en un prestigio legendario que mantuvo hasta sus últimos días; a partir de su muerte, la Revolución mexicana pudo darse por finiquitada. Su legado era el de un país moderno y progresista, con una de las legislaciones más liberales del mundo, tras que el desaparecido presidente hubiera terminado con los grandes latifundios, impulsado el desarrollo capitalista nacional, aunque no había logrado independizar por completo la economía mexicana, ni tampoco pudo culminar la reforma agraria con medidas de asistencia crediticia a los campesinos, que muchas veces se vieron forzados a malvender sus tierras por ausencia de recursos para trabajarlas, o bien siguie-

ron viviendo en la indigencia, aunque en su propia tierra. No defi-
nió Cárdenas clara y concretamente un modelo de política socialista, ni siquiera socialdemócrata, pese a que se lo había propuesto; no
creó, en fin, una democracia en el sentido intrínseco de la palabra,
ya que la hegemonía política del *Partido Revolucionario Institucional*
(PRI) fue absoluta, hasta el punto de ahogar el funcionamiento democrático del país.

PANTEÓN DEL INDEPENDENTISMO REPUBLICANO
(*monumento a la independencia*)

Un primer monumento con que glorificar la independencia mexicana fue diseñado en la Plaza de la Constitución, sin que llegara
a construirse; fue el presidente Antonio López de Santa Ana quien,
tras convocar un concurso, asignara el proyecto al arquitecto Lorenzo
de la Hidalga. El diseño constaba de una gran columna conmemo-
rativa flanqueada por fuentes, iniciándose su construcción en 1843,
pero, a causa de la inestable situación del país, sólo se terminó el zócalo, o basamento, que soportaría la columna; dicho basamento re-
bautizó a la Plaza de la Constitución como *Plaza del Zócalo*.

Un segundo proyecto tomó auge durante le efímera égida del
emperador Maximiliano de Habsburgo, que hizo responsable del
mismo al ingeniero Ramón Rodríguez Arangoity, pero tampoco esta
vez se convirtió en una realidad. Tuvo que ser durante uno de los
muchos mandatos de Porfirio Díaz cuando, con motivo de la celebración de las fiestas del *Centenario de la Independencia*, se logró dar
vida al actual monumento, para lo cual, en 1877, se convocó un
concurso internacional en el que resultaron ganadores los arquitec-
tos estadounidenses Cluss y Shultz, pero, no obstante, fue el arquitecto Antonio Rivas Mercado quien realizó el diseño definitivo, mo-
dificando el presentado por sus colegas norteamericanos. En solemne
ceremonia la primera piedra se puso en 1902, siendo encomenda-
dos los trabajos de la difícil cimentación a un grupo de importantes ingenieros mexicanos, entre los cuales figuraban Gonzalo Garita
y Manuel Gorozpe, realizando las esculturas el artista italiano Enrique

Alciati. El monumento quedó definitivamente terminado en 1910 y el 16 de septiembre de ese año se llevó a cabo la ceremonia inaugural, presidida por el incombustible Porfirio Díaz.

A lo largo de los año, los alrededores del monumento han sufrido hundimientos (algunos de ellos producidos por terremotos de no mucha intensidad), por lo que, de los veintitrés escalones de la escalinata, sólo nueve son originales; los otros catorce —los más bajos— han sido reconstruidos posteriormente, debido, no sólo a los citados sismos, sino al hundimiento que experimenta la ciudad, que se estima en tres centímetros anuales.

El monumento, su obra, está conformado por una columna con pedestal y zócalo, rodeado por una explanada decorada con pináculos y escalinatas de acceso y, sobre el basamento de la columna, pueden verse esculturas de bronce, cuyas figuras femeninas evocan la ley, la guerra, la justicia y la paz; en los pedestales que las sostienen se han inscrito los nombres de precursores, conspiradores, heroínas, congresistas, escritores, guerrilleros, caudillos y, en definitiva, consumadores del movimiento independentista. El grupo escultórico central, localizado sobre la puerta que da acceso al mausoleo, lo forma un enorme león conducido por un geniecillo, alegoría de la fuerza del pueblo guiada por el poder inteligente de la ley; la puerta está decorada con un perfil femenino, emblema de la República, cuyo modelo fue Alicia, hija del arquitecto Rivas Mercado. En la parte sur del monumento se encuentra una lámpara votiva en honor a la memoria de los héroes.

La columna es hueca, de acero, y recubierta con cantera labrada; su interior aloja una escalinata metálica que sustituye a la original de piedra, dañada durante el sismo de 1957; por ella se asciende hasta la base del pedestal que soporta el Ángel. Su recubrimiento de cantera muestra tallas decorativas con influencia francesa, muy comunes en la época, y en la parte baja, guirnaldas sujetas por cabezas de león rodean la columna y desde ahí ascienden ramas de laurel abrazadas por anillos labrados con los nombres de los diversos héroes del movimiento insurgente, estando formado el capitel de la columna por hojas de acanto, volutas y cuatro águilas. El llamado *Ángel* que remata el monumento es una victoria alada que simboliza la Independencia: lleva en una mano una corona de laurel en actitud de colocarla y en la otra, un trozo de cadena que representa los tres siglos de dominación española (fue realizada en bronce fundido y recubierta en oro por el escultor Enrique Alciati).

En la parte central del vestíbulo (mausoleo) se encuentra la escultura de un personaje considerado precursor del movimiento de la Independencia mexicana: se trata de Guillén de Lampart (o Lombardo de Guzmán), quien llegó a Nueva España en 1640 y fue quemado vivo por el *Tribunal de la Santa Inquisición* en 1659. A los costados del vestíbulo, dos puertas decoradas con laureles permiten el ingreso al mausoleo que guarda los despojos mortales de los héroes independentistas.

En el primer nicho se conservan las urnas que contienen los restos de:

VICENTE GUERRERO (1783-1831)

Formaba parte de las fuerzas acaudilladas por Morelos. Se reunió con Agustín de Iturbide en Acatempan en 1821, marcando el paso decisivo para la consumación de la independencia; fue presidente de México en 1829.

GUADALUPE VICTORIA (1786-1843)

Su verdadero nombre: (según unos historiadores) Manuel Félix Fernández (y según otros) José Miguel Ramón Adaucto Fernández y Félix. Al inmiscuirse en el movimiento insurgente que pretendía la independencia de México tomó el nombre de la Virgen, no sólo para dar un sesgo religioso a su aportación personal sino convencido de que, bajo el amparo y protección de la patrona guadalupana, serían conducidos hasta el que ya era su nuevo apellido: VICTORIA. Apoyó el Plan de Iguala y a Santa Ana contra el imperio de Agustín de Iturbide. Fue diputado por su ciudad de origen y posteriormente primer presidente de la República Constitucional de México (1824). Su óbito se produjo a causa de una epilepsia en el castillo de Perote (Guadalupe Victoria es el protagonista central del trabajo biográfico que ofrecemos en el presente volumen, y de quien hablaremos a partir del primer capítulo y hasta la conclusión de la obra).

LEONA VICARIO (1789-1842)

Heroína insurgente casada con Andrés Quintana Roo, que apoyó la causa independentista aportando sus bienes económicos y sirviendo de enlace entre los diferentes grupos. Fue recluida en el convento de Belén de las Noches por conseguir armeros vizcaínos para la causa, siendo rescatada y llevada junto a Morelos, sufriendo las penalidades de la guerra.

ANDRÉS QUINTANA ROO (1787-1851)

Estudió derecho de la Universidad de México, fomentando con sus publicaciones el movimiento insurgente. Fue presidente de la Asamblea Nacional Constituyente que firmó la declaratoria de la independencia en 1813. Tras la caída de Iturbide, intervino como diputado en los congresos siguientes, ocupando la cartera ministerial de Justicia en el gabinete de Santa Ana.

En una quinta urna se conservan restos atribuidos a Francisco Javier Mina.

En el segundo nicho se guardan los cráneos de los caudillos apresados y fusilados en Chihuahua en 1811 y cuyas cabezas fueron expuestas en la Alhóndiga de Granaditas durante once años:

MIGUEL HIDALGO Y COSTILLA (1753-1811)

Estudiante y después rector del Colegio de San Nicolás de Valladolid (hoy, Morelia). Fue ordenado sacerdote en 1778, participando en las conspiraciones que originaron el movimiento de la independencia al encabezar la lucha armada a partir de *el grito de Dolores.*

IGNACIO MARÍA ALLENDE Y UNZAGA (1769-1811)

Formaba parte de las fuerzas realistas bajo el mando de Félix María Calleja, pero dio un giro a su ideario político tomando la decisión de prestar su apoyo incondicional a la causa insurgente. Participó junto al cura Hidalgo en las conspiraciones y, posteriormente, en la lucha armada.

JUAN ALDAMA (1774-1811)

Procedía de una familia de insurgentes convencidos, todos ellos con el mismo apellido. Siendo capitán realista, decidió pasarse al grupo que auspiciaba las conspiraciones donde se originaron los movimientos belicistas encaminados al logro de la independencia. Junto con Hidalgo y Allende, fue uno de quienes pusieron en marcha los mecanismos revolucionarios.

JOSÉ MARIANO JIMÉNEZ (1781-1811)

Ingeniero de Minas, se unió a los efectivos de Hidalgo tras la toma de la Alhóndiga de Granaditas (Guanajuato), siendo comisionado para conducir el movimiento armado en el oriente del país.

En el tercer nicho están depositadas las urnas con las cenizas de:

JOSÉ MARÍA MORELOS Y PAVÓN (1765-1815)

Estudió en el colegio de San Nicolás en el período en que Hidalgo era el rector, siendo ordenado sacerdote en 1779, ocupando el cargo de párroco en Nocupétaro cuando estalló la violencia insurreccional. Hidalgo le comisionó para iniciar el levantamiento en la costa sur del país. Encabezaba el Congreso de Chilpancingo que promulgó la Constitución de Apatzingán. Le fusilaron en San Cristóbal de Ecatepec. Sus restos se trasladaron desde esta localidad al *monumento de la Independencia.*

MARIANO MATAMOROS Y ORIVE (1770-1814)

Regresado del colegio de Santa Cruz de Tlatelcoco y sacerdote en Jantetelco al iniciarse la insurgencia armada, se unió a las fuerzas de Morelos, que le nombró su segundo jefe. El general Calleja le puso frente al pelotón de fusilamiento en Valladolid.

NICOLÁS BRAVO (1786-1854)

Licenciado en Derecho que participaba en las labores agrícolas, se unió a los efectivos insurgentes de Morelos en el sur del país. Encarcelado en 1820, al salir de la prisión apoyó a Agustín de Iturbide en la consumación de la independencia, llegando a la vicepresidencia de la República durante el gobierno de Guadalupe Victoria.

LAS INSTITUCIONES

La estructura institucional política de México guarda cierta semejanza, en sus aspectos formales, con la de la República Confederal de los Estados Unidos de América. La Constitución vigente, de 5 de febrero de 1917, que establece como denominación del país la de Estados Unidos Mexicanos, determina un sistema presidencialista y un poder legislativo bicameral —como corresponde a todo estado federalista— con una Cámara de Diputados y un Senado y, en la cúspide del poder judicial, la Suprema Corte de Justicia.

Según reza textualmente el artículo 80 de la Constitución, *se deposita el ejercicio del poder ejecutivo de la Unión en su solo individuo que se denominará presidente de los Estados Unidos Mexicanos,* presidente que, conforme a la propia Constitución, es elegido directamente por sufragio universal y que entra a ejercer su cargo el día 1 de diciembre por un período de seis años, SIN POSIBILIDAD DE REELECCIÓN PARA EL MISMO PUESTO. Como corresponde al régimen presidencialista establecido en la Constitución, el presidente es auxiliado en sus funciones no por ministros sino por *secretarios del Despacho* que puede nombrar y remover libremente. Tanto las disposiciones constitucionales como una realidad política, la existencia de un partido siempre mayoritario —el *Partido Revolucionario Institucional* (PRI)— incrementa notablemente el carácter presidencialista de la institución que, por tales razones, casi alcanza caracteres autoritarios.

El poder legislativo se deposita (art. 50 de la Constitución) en un Congreso General, que se divide en dos cámaras, una de diputados y otra de senadores. Un decreto de 6 de diciembre de 1977 ha remodelado ambas cámaras y fijado sus componentes. La de Diputados está integrada por 400 miembros elegidos por un período de tres años. El sistema electoral señala que 300 diputados son elegidos por votación mayoritaria en distritos uninominales, mientras que los 100 restantes lo son por el sistema proporcional entre listas regionales. La de Senadores, por su parte, se compone de dos miembros por cada uno de los 31 estados y dos por el Distrito Federal, elegidos directamente y por un período igual al de presidente, o sea, seis años.

El derecho de iniciativa legislativa para leyes o decretos corresponde (art. 71) al presidente de la República, a los diputados y senadores, y al Congreso de la Unión y a la legislatura de los estados cuando se trata de materias de su competencia. Los estados federados, según el artículo 115 de la Constitución, adoptarán para su régimen interior la forma de gobierno republicano, representativo, popular, teniendo como base de su división territorial y de su organización política y administrativa el municipio libre, conforme a las disposiciones que la propia Constitución determina.

El poder judicial culmina en la Suprema Corte de Justicia, siendo instancias inferiores los Tribunales de Circuito, que son colegiados en materia de amparo y unitarios en materia de apelación, y los Juzgados de Distrito. Los miembros de la Suprema Corte son denominados ministros y su nombramiento corresponde al presidente de la República, quien debe someterlo a la aprobación de la Cámara de Senadores, que otorga o niega esa aprobación dentro del improrrogable término de diez días. En la esfera constitucional y de la estructura federal del Estado, corresponde exclusivamente a la Suprema Corte de Justicia el conocer de las controversias que se susciten entre dos o más estados, entre los poderes de un mismo estado, de los conflictos entre la federación y uno o más estados, así como de aquellas en que la federación fuera parte (art. 105). Sin embargo, el rasgo más característico contenido en la constitución mexicana en defensa y garantía de las libertades individuales es el denominado *juicio de amparo*, extensamente regulado en el artículo 107 del texto fundamental y que ha sido justamente definido por un autor con estas palabras: *de todas las garantías de la Constitución mexicana, únicamente el* amparo *debe considerarse como la garantía por antonomasia, en virtud de que constituye el sistema de control normal y permanente de la Constitución, ya que los otros sistemas de protección son medios extraordinarios. El* amparo *se sigue siempre a instancia de parte, cuan-*

do se entienda que alguna ley o acto de la autoridad viola las garantías individuales y, así mismo, es posible interponer tal recurso ante la Suprema Corte de Justicia de la Nación, contra violaciones de la misma naturaleza en sentencias definitivas o laudos.

Finalmente, conviene puntualizar que las reformas constitucionales, previstas en el artículo 135 de la Constitución mexicana, pueden ser llevadas a cabo por el mecanismo de las adiciones o de las reformas propiamente dichas y que, para ello, se requiere que el Congreso de la Unión las acuerde por el voto de las dos terceras partes de los individuos presentes. Además, tales adiciones o reformas deben ser aprobadas por la mayoría de las legislaturas de los estados. Todas estas cautelas permiten incluir la Constitución mexicana entre las denominadas rígidas, en cuanto a su reforma se refiere.

Bien. Queda reflejado en este proemio, aunque de forma sucinta, es obvio, cuantos sucesos y circunstancias se produjeron, histórica y personalmente hablando, antes de que el protagonista de esta biografía, Guadalupe Victoria (del que se han apuntado varios puntos y de quien nos ocuparemos con total amplitud a partir de ahora), fuera exaltado a la presidencia de México. Y antes también, como decíamos al principio, de que Jorge Negrete (6), desapareci-

(6) Una de las figuras más conocidas del mundo del cine y de la canción en Hispanoamérica fue Jorge Negrete, quien con su potente voz y su gallarda apostura popularizó la imagen del charro mexicano. Jorge Alberto Negrete Moreno nació en la ciudad mexicana de Guanajuato en 1911. En sus años juveniles emprendió la carrera militar, abandonándola en 1927. Tres años después cantó por primera vez en una emisora de radio y en 1936 inició su carrera en el cine con *La madrina del diablo*. A partir de entonces actuó en numerosas películas, generalmente de temas costumbristas, en las que interpretaba canciones de gran éxito popular. Entre estos filmes destacan *Allá en el Rancho Grande, El peñón de las Ánimas, Me he de comer esa tuna, Hasta que perdió Jalisco, Jalisco canta en Sevilla* y, por encima de todos, *¡Ay, Jalisco, no te rajes!*, de Joselito Rodríguez, y *Así se quiere en Jalisco*, de Fernando Fuentes. Hizo Negrete así mismo para el celuloide algunos melodramas, e incluso trató de salir de su encasillamiento de héroe mexicano y

do a los cuarenta y dos años de edad (del que se dijo que había muerto pronto, *como los elegidos*), en pleno éxito, siendo hasta entonces la voz mexicana más popular, la que lanzó al mundo su *México lindo y querido*, antes así mismo de que el cantor de Guanajuato perdiera todos los sentidos y algo más por los exuberantes encantos de María de los Ángeles Félix Guereña (7), *La Doña*, con quien estuvo casado sólo un año, porque la muerte, prematura, así lo quiso...

demostrar toda su valía como actor; a esta línea más profesional corresponde la película *El rapto* (1953), de Emilio Fernández. Contrajo matrimonio sucesivamente con Elisa Christey, Gloria Marín y la actriz María Félix. Fue miembro fundador de la *Asociación Nacional de Actores de México* con la que consiguió importantes mejoras sociales para los artistas. Jorge Negrete murió en la ciudad estadounidense de Los Ángeles en 1953.

(7) Fue una de esas actrices pertenecientes a una especie extraña y única que, al margen de su carrera profesional, conservó una imagen majestuosa, mágica. El sobrenombre de *La Doña*, por el que se la conoció en México y en todas partes, lo ganó a pulso, en una larga carrera de veinte años de trabajo, con rodajes en lugares tan distintos como Argentina, México, Francia, Italia y España. Casi todos sus personajes eran seres apasionados hasta la saciedad, fríos y excesivos, marcados por la fuerza y energía frente a los hombres, convertidos siempre, hicieran lo que hiciesen, en esclavos de aquella moderna encarnación de Circe. María de los Ángeles Félix Guereña vino al mundo en Sonora, el 8 de abril de 1915, y su presencia en el cinematógrafo no fue rápida, ya que la primera película, *El peñón de las Ánimas* (junto a Jorge Negrete), la protagonizó cuando ya contaba veintisiete años. La María Félix de ojos hipnóticos, labios sensualmente carnosos y cuerpo escultural, tuvo una vida amorosa (más bien erótica quizá, o licenciosa para ser más exactos), turbulenta y voluptuosa, apasionada y brutal, de escándalo, dicha sea la verdad, todo lo cual brotaba de su peculiar idiosincrasia. En 1934 se casó con Enrique Álvarez, unión de la que nació su único hijo (Enrique Álvarez Félix, 1935), de quien se separó ese mismo año, y nueve después se unió en matrimonio con Raúl Prado (integrante del grupo musical *El Trío Calaveras*), ¡del que se divorció dos meses más tarde! En 1945, su siguiente marido fue el celebrado compositor Agustín Lara, produciéndose el divorcio en 1947 para dejar paso, en su vida matrimonial (1952), al más charro de todos los charros, Jorge Negrete, que moriría al año siguiente. Su último marido, fallecido también, se llamaba Alex Berger. Entre la extensa filmografía de *La Doña*, sobresalen títulos tan destacados como: *La monja alférez, Mare Nostrum, Una mujer cualquiera, Mesalina, La bella Otero, French Can-cán, Amor y Sexo, La generala*, y así hasta completar un largo etcétera. María Félix nos dio el *adiós definitivo*, el 8 de abril de 2002, a los ochenta y ocho años de edad.

50

antes, por supuesto, de que a la *Venus* de Sonora, quien también fuera su marido, el compositor Agustín Lara (matrimonio que apenas duró dos años), le dedicara uno de los boleros más famosos y emotivos que jamás se han escrito y cantado: *María Bonita*...

Antes, lógicamente, de que Hidalgo, Morelos, Iturbide y un interminable etcétera de curas insurrectos, militares descontentos y ambiciosos, políticos arribistas, auténticos patriotas también, por supuesto, y las masas movilizadas por los demagogos de turno, pusieran en marcha un proceso revolucionario-independentista que culminaría en una República Constitucional de la que, precisamente, Guadalupe Victoria (en verdad, Manuel Félix Fernández) fue su primer mandatario.

Hablemos pues, acto seguido, de ese primer presidente constitucional.

SINOPSIS BIOGRÁFICA DE GUADALUPE VICTORIA
(Manuel Félix Fernández. Tamazula, 1786 - Perote, 1843)

Se unió a los independentistas de Hidalgo en 1811, cambiando su verdadero nombre, Manuel Félix Fernández, por el de Guadalupe Victoria, y combatió junto a Miguel Hidalgo y José María Morelos. Al ser dominada la revuelta, no se acogió al indulto, retirándose con algunos hombres al sur de México. Tras apoyar el *Plan de Iguala,* combatió a Agustín de Iturbide cuando éste se autoproclamó emperador. En 1822, al surgir la República desde Veracruz, Santa Ana le nombró gobernador de la provincia, pasando a integrarse en el gobierno tripartito provisional (1823-1824). Elegido primer presidente constitucional de México (1824), se mostró desde los inicios como un excelente administrador frente al desorden de los primeros años posteriores al Imperio. Una de sus constantes fue sanear la Hacienda al tiempo que impulsaba la economía, creando la marina, aboliendo la esclavitud y estableciendo un ventajoso tratado con Inglaterra. Expulsó a los españoles a causa de la conspiración del padre Arenas, rindiendo el castillo de San Juan de Ulúa (1825), último baluarte castellano.

Su talante político fue en todo momento liberal, federalista y anticlerical, colaborando las logias masónicas de *los escoceses* (moderados) y los *yorkinos* (liberales radicales), logias que funcionaban como auténticos partidos políticos. Supo mantener relaciones estratégicamente cordiales con los Estados Unidos de Norteamérica. En 1827 se produjo la insurrección del vicepresidente Nicolás Bravo (Otumba), oportunamente sofocada por los generales Vicente Guerrero y Antonio López de Santa Ana, y un año más tarde, concluido su mandato (que cedió un tanto irregularmente a Guerrero), se retiró de toda actividad pública.

PANTEÓN DE ANCESTROS
Y DIVINIDADES MEXICANOS

Azteca (calendario). También llamado *Piedra del Sol.* Relieve circular esculpido en basalto que es una representación cosmogónica del pueblo azteca con el sol, *Tonatiuh,* en el centro, dentro del aspa del movimiento con los signos de los cuatro soles o eras anteriores en sus brazos, y los signos de los meses en la zona inmediata, todo ello encuadrado por las dos serpientes. Los aztecas utilizaban dos tipos de calendarios: el calendario solar que estaba compuesto por un ciclo de dieciocho meses, cada uno de los cuales recibía un nombre de acuerdo con las distintas actividades agrícolas, cuyo desarrollo dependía de las fases lunares; el cómputo total duraba trescientos sesenta días, siendo considerados los cinco últimos como nefastos, por lo que cesaba toda clase de actividad. El calendario ritual comprendía un total de doscientos sesenta días dividido en veinte períodos de trece días cada uno; sus nombres estaban relacionados con los objetos que rodeaban la vida cotidiana, no existiendo ningún día con idéntica denominación ni con el mismo número; además, este calendario era utilizado por los sacerdotes que, guiados por los libros que se llamaban *Tonalamatl,* extraían predicciones astrológicas.

Calpulli. Vocablo azteca que es un aumentativo de *calli,* que significa casa. La definición de *calpulli, gran casa,* connota al grupo de personas que, ligadas por vínculos de parentesco, realizaban conjuntamente una serie de funciones de carácter socioeconómico, religioso, militar y político (algunos investigadores han creído ver, en la naturaleza de los *calpulli,* una especie de clan con tendencias endogámicas). Cada uno de los *calpulli* tenía su correspondiente guía y autoridades, de entre los que sobresalían los sacerdotes y varios jefes, así como el que tenía la custodia de los bienes de la comunidad. Durante toda la época de la peregrinación los distintos *calpulli* aztecas prestaron obediencia a quienes conducían al conjunto tribal, los jefes-sacerdotes supremos, aquellos que tenían a cargo el culto a los dioses y el destino mismo de la nación. Cuando ocurrió ya el asentamiento en la isla de Tenochtitlán, la situación prevalente comenzó a modificarse. La isla se dividió en cuatro distritos y los *calpulli* se fueron asentando en ellos. A partir de entonces fue también atributo de los habitantes de un *calpulli* habitar en un mismo barrio, poseer un territorio en común y trabajar juntos en beneficio de la comunidad. Para determinados estudiosos e investigadores los *calpulli* adquirieron entonces el atributo de clanes geográficos, es decir, clanes con una específica ubicación geográfica que tendría un gran significado en su ulterior desarrollo.

Cempoala. Ciudad del imperio de los totonacos, situada a 35 kilómetros al noroeste de Veracruz, en México. El centro de la ciudad tiene una superficie de 4.300 kilómetros cuadrados y está amurallada. El espacio entre los edificios estuvo ocupado por una capa de hormigón pulimentado.

Dentro de ella se encuentran gran cantidad de templos, los cuales, ante la falta de materiales adecuados, fueron construidos con cantos rodados que se unieron con lodo, cubiertos con mortero de cal. Es interesante destacar entre ellos los siguientes: *La Gran Pirámide del Templo Mayor*, de planta rectangular; el *Templo de los Chichimecas;* la *Gran Pirámide,* construida por medio de plataformas superpuestas; el *Templo de las Caritas* y el *Templo del dios del Viento.*

Chichimeca (cultura). Grupo seminómada mandado por Xolotl que luchó contra los toltecas en el valle de Metzitlán. Las gentes de Xolotl se instalan en Xoloc y posteriormente en Tenacuya. La derrota del reducto tolteca de Culhuacán, en 1246, abre a Xolotl el territorio de los lagos en el valle de México. Su hijo, Nopaaltzin, se casa con una princesa alcolhua y extiende sus dominios hasta Toluca, Puebla y Morelos. Entre tanto penetran más tribus: hacia 1230 los tepanecas se instalan en Azcapotzalco, en 1250 los otoníes ocupan Xaltocán, y diez años después los acolhua fundan el señorío de Coatlinchán. Todavía en 1327 los chimalpanecas se asientan en los alrededores de Chalco. Para entonces todos los chichimecas han adoptado la cultura tolteca en sus rasgos más característicos. Durante un siglo, hasta 1428 en que se empieza a reconocer la superioridad azteca, las ciudades-estado chichimecas van a mantener una situación de guerra permanente por el predominio político en el altiplano central de México.

Chipicuaro (cultura). Se desarrolló en el valle de México, situada en el estado de Guanajuato, a orillas del río Lerma. Aquí se desenterró un gran cementerio donde se encontraron trescientos sesenta tumbas. Los muertos fueron enterrados, en su mayoría, en decúbito supino, generalmente en pequeños grupos, dependientes de los así llamados tlecuiles (braseros), que deben haber desempeñado un importante papel en el ritual funerario, aunque su función resulta desconocida. El hecho de que además de los objetos acostumbrados se entierren perros entre los hombres, puede resultar interesante para el conocimiento de la vida espiritual, del mundo de las ideas y hasta la religión de estas gentes. La mayor información la proporcionan las figurillas de barro hechas a mano, que eran fabricadas sobre una tablilla que servía de peana, de modo que casi siempre la parte posterior de estas figuras es plana y sólo en algunos casos muestran un trasero reforzado. Junto a este rasgo también es característico un ancho collar en forma de cuello, que rara vez aparece adornado, ya sea con pendientes o incisiones. Las figuras, que en su mayoría son femeninas, aparecen casi siempre desnudas y llevan, además del collar ya mencionado, orejeras y anchas cintas de adorno en los brazos, que más bien son muñones. Algunas de las figuras tienen una especie de prominencia en el hombro, en forma de botón, que tal vez represente una escarificación. Pero su característica principal son los ojos completamente oblicuos, que hacen pensar en una relación del valle de México, donde esta forma era especialmente típica.

Cholula. Importante centro arqueológico del valle de México que fue conquistado tal vez hacia el año 800 d.C. Es interesante destacar la cerámica pintada y cubierta de estuco de la que surgió el primer grupo de cerámica verdaderamente polícroma cuyas piezas iniciales aparecen como laqueadas y se encuentran, al principio de una tradición que hizo de Cholula, hasta la época de la conquista, un famoso centro alfarero. Su monumento más importante lo levantaron los olmecas en la así llamada *Gran Pirámide de Cholula*, cuyas últimas cuatro reconstrucciones pueden haberlas hecho ellos. La Gran Pirámide tiene una base de 160.000 metros cuadrados y una altura de 62 metros, siendo por su volumen la más grande del mundo. Sobre la cúspide, se encuentra ahora una iglesia.

Diosa Verde. Escultura azteca encontrada en la mitad de la escalera de Huitzilopochtli que está hecha de una piedra de la familia de los jades, de imposible identificación concreta. Tiene 1,33 metros de largo por 40 centímetros de ancho. Se hallaba en un medio húmedo, por lo que los arqueólogos y restauradores se preocuparon por su destino al salir de su cista. La piedra, al contacto con el aire, empezó a resecarse y corría el riesgo de un fatal y definitivo deterioro. Para evitar semejante evento se le acondicionó en una estancia humificante especial para ella. Los restauradores le han dado diversos tratamientos para que recobre su color y, sobre todo, para consolidarla. Hasta hace pocos años se han encontrado veintiocho ofrendas. La mayoría de sus elementos no son de los mexicas, es decir, pertenecen a señoríos tributarios de este pueblo. Se han encontrado, aproximadamente, 4.000 piezas, 2.000 de ellas de especial valor.

El Tajín. Ciudad dedicada al dios de la lluvia y del trueno, metrópoli cultural y religiosa del pueblo totonaca durante el período clásico. Situada en la zona central de Veracruz, es ahí donde culmina el arte de toda esta región con el alzamiento de numerosos edificios cuya ornamentación se ve con frecuencia realzada mediante frisos de volutas entrelazadas. Estos edificios no tienen excesiva monumentalidad pero, en cambio, presentan un aspecto alegre, ligero y elegante. Las plataformas, las escalinatas y los propios basamentos de las pirámides ostentan variantes locales de tableros rematados con una alta cornisa y perforados con profundos nichos (adornados mediante diseños de grecas u otros motivos geométricos en fuerte relieve). Al captar los rayos del sol, estos elementos se tornan particularmente animados, produciendo un vivo juego de luces y sombras. El ejemplo más representativo de esta arquitectura es la *Pirámide de los Nichos,* cuyas profundas tumbas suman, junto con la puerta de acceso al santuario, un total de trescientos sesenta y cinco, en relación simbólica con los días del calendario solar. Este armonioso edificio, en el que se combinan los elementos horizontales y verticales, destaca en medio de otras construcciones del centro ceremonial. Después de haber sobrevivido por algún tiempo al colapso del mundo clásico mesoamericano, El Trajín fue abandonado, a su vez, junto con otros centros totanacas.

Guerrero. Estado del sudoeste de México, en la costa del Pacífico. Zona arqueológica donde se encuentran los centros artísticos mesoamericanos más importantes de la América precolombina, lugar del que destaca la cerámica con asa de estribo y la de soporte anular. El tallado de las piedras, de excelente pulido y brillo, es de influencia olmeca, teotihuacana y mixteca. En un principio hubo una gran cantidad productiva de adornos personales, como pectorales, orejeras, ajorcas y placas, así como figuras humanas, la mayoría desnudas, sin órganos sexuales y en posición rígida, muy esquematizadas. En líneas generales esta localidad fue la exportadora de la mayoría del material lítico bruto que dio lugar a las extraordinarias manufacturas olmecas, teotihuacanas y mixtecas.

Huasteco. Grupo indígena mexicano que habita en la zona oriental de San Luis Potosí, al norte de Veracruz, y parte del Estado de Hidalgo. Su aparición data del siglo XV a.C., junto con la cultura maya, de la que se separaron poco tiempo después. En el año 800 a.C. comenzaron a construir montículos sobre los que levantaban edificios; pero el período del apogeo desde el punto de vista artístico lo alcanzaron en el 200 a.C., dando paso a importantes centros ceremoniales como El Ébano, Tamtzán, Laguna, Vinasco, etcétera. Esta etapa de esplendor duró hasta el año 800 d.C. Los edificios tenían planta rectangular con esquinas redondeadas, revestidas de estuco, y con cornisas de un solo plano. Las plazas se rodeaban de elevaciones y plataformas revestidas por piedras; los muros estaban decorados con frescos. Dentro de las elevaciones (montículos) se hallaban las tumbas dispuestas con cámara y antecámara, a las que se accedía por medio de una escalinata. A partir del 800 d.C. los montículos, de planta circular, eran fabricados con lodo y se llegaba a ellos a través de escalinatas limitadas por alfardas; los templos eran piramidales y los altares, decorados con pinturas al fresco. Desde el 1500 d.C. el arte se caracteriza por un tipo especial de cerámica con un baño rojo y blanco, decoración incisa y formas esféricas. Posteriormente se elaboraron platos de siluetas compuestas y vasijas trípodes; destaca así mismo la cerámica roja, pulida y platos trípodes con soportes bulbosos, además de numerosas personificaciones de deidades. La influencia teotihuacana se evidencia en las figurillas de cerámica con miembros articulados. En escultura destacan las imágenes de dioses con gorros cónicos, orejeras y brazos cruzados sobre el pecho. Las figuras femeninas se relacionaban habitualmente con divinidades agrícolas.

Mitla. Centro arqueológico de México situado a 40 kilómetros al sur de Oaxaca. Sus monumentos datan del 800 a.c., entre los que cabe destacar el de *Las Columnas,* que se divide en dos edificios de planta cuadrangular; digna de admiración es la fachada norte, con tableros de molduras de doble escapulario decoradas con grecas. El grupo denominado *Establecimientos Católicos del Curato,* que recibe este nombre por la presencia de una iglesia católica en su patio, conserva la mayoría de las pinturas que lo decoran, cuyos motivos son dibujos de dioses. Al sur de esta localidad hallamos otro grupo de caracteres diferentes: consta de un solo cuadrángulo limitado por plataformas que, anteriormente, fueron la base de tres edificios y una pirámide de piedra y barro. El grupo llamado de *Los Adobes* consta de un patio rectangular limitado por cuatro basamentos.

Motecuzoma II. Rey azteca cuya elección se sitúa en el año 1502 d.C., rebautizado con el nombre de *Xocoyotzin* (joven). Había sido guerrero, pasando después al sacerdocio, sirviendo en el templo de Huitzilopochtli. Como sincero y devoto sacerdote que había sido de los dioses, Motecuzoma dio un significado distinto a su acción, suprimiendo en primer lugar a los altos cargos de Ahizotl, integrando como colaboradores a hombres jóvenes herederos de antiguos jefes, que habían sido discípulos suyos en el *calmeca* (escuela) del templo. Serio, religioso, pulcro, autoritario y cruel, preocupado por el orden, la obediencia y la disciplina, ignoró a los otros miembros de la confederación azteca y dio un tinte absolutista y divino a su mandato. Hombre de una profunda fe en sus dioses, hizo la guerra de conquista en nombre de ellos. Las tendencias monoteístas de Netzahualcóyotl y de Texcoco significaban una postura antagónica a la suya, pero cuando fue advertido, en 1517, de la presencia de *gentes extrañas* con cascos brillantes (los castellanos) en las costas, su fe sufrió una profunda crisis, ya que pensó que aquellas *gentes extrañas* eran los hijos del dios tolteca *Quetzacóatl (serpiente de plumas),* el cual, según la leyenda, había prometido regresar. Por esta razón Moctezuma (manera de pronunciar su nombre por los españoles) se dejó encadenar al tiempo que ordenaba la muerte de algunos de sus antiguos súbditos, para complacer al conquistador. Los acontecimientos se precipitaron en 1520 cuando Hernán Cortés obligó a Motecuzoma a dirigirse a su pueblo, que le apedreó, muriendo en aquel mismo año.

Nahua. Grupo indígena mexicano que habita en el Distrito Federal y en los estados de México, Puebla, Tlaxcala, Morelos, San Luis Potosí, Hidalgo, Veracruz, y en pequeños núcleos de Michoacán, Jalisco, Nayarit, Tabasco y Oaxaca. Originariamente se ubicaban en UTAH, Estados Unidos, emigrando posteriormente hacia el sur en busca de mejores tierras (2000 a.C.), extendiéndose por toda la zona mesoamericana. Los primeros nahuas conocidos fueron los toltecas, que datan del siglo VIII. Grupos nahuas invadieron el norte de Yucatán en el siglo X, dominando al pueblo maya. En el valle de Cuahnahuac se establecieron los nahuas tlahuicas, creando grandes núcleos de población, siendo los mexicas los últimos que se situaron en el Altiplano Central de México en el siglo XIV, uniéndose con los chichimecas contra Axcapotzalco, logrando la victoria, que fue causa de una serie de campanas que duraron un siglo. El clima de descontento que se creó entre los pueblos conquistados sirvió a los españoles, ya que encontraron un ambiente favorable para ejercer una ocupación casi pacífica. Del pueblo nahua ha podido conservarse algún vestigio literario gracias a la transcripción al latín realizada por los primeros frailes españoles que se establecieron allí. Destacan de estos textos el *Manuscrito Nahua* y los *Cantares Mexicanos*. La mayor producción registrada corresponde a obras históricas y poéticas, entre las que sobresalen las religiosas. Para los nahuas prehistóricos, Nahua era la personificación divino-humana que podía transformarse en otro ser y también el ser que adquiría Nahua era, por otro lado, el signo del calendario indígena en que nace una persona; también recibían este nombre aquellos espíritus que se consideraban protectores de los pueblos.

Nayarit. Estado del centro-oeste de México, situado en la zona costera que se extiende a orillas del Pacífico, comprendiendo el archipiélago de las Tres Marías. Originariamente estuvo habitado por los indios coras y huicholes, quienes, tras resistir a la colonización se instalaron en las estribaciones de la Sierra Madre occidental. Los objetos nayaritas más importantes con los de cerámica, que se dividen en dos tipos: el *Chinesco,* el más antiguo, que aparece alrededor del siglo II en Tequilita y que se caracteriza por la abundancia anatómica de las extremidades, pese a lo cual cuenta con un extraordinario realismo. El de Ixtlán se caracteriza por la utilización del barro poroso y porque las figuras acostumbran a estar huecas, siendo el barro rojo anaranjado, con abundancia de los colores negro, blanco y amarillo, predominando por otra parte las formas caricaturescas, mientras que las representaciones de guerreros cuentan con todos los accesorios propios de su clase. También se han encontrado maquetas de edificaciones que incluyen pequeñas figuras humanas. Las vasijas están decoradas con formas geométricas y suelen estar policromadas, aunque también las hay monocromas, aunque manteniendo siempre un tipo de decoración geométrico.

Olmeca (cultura). Pueblos que habitaron, entre 1500 a.C. y los alrededores del inicio de nuestra era, en una zona pantanosa de las tierras bajas tropicales de unos 18.000 kilómetros cuadrados de extensión, limitada por el Atlántico y los sistemas fluviales de San Juan-Coatzacoalos y el Tonalá-Blasillo. Esta civilización paradójica, que surge en un medio perfectamente hostil, se expande durante la segunda mitad del formativo por gran parte de Mesoamérica. Su influencia se ha detectado en el valle de México, en Tlatilco y Tlapacoya principalmente. Las razones de la expansión pudieron haber sido económicas, es decir, tendrían que ver con la constitución de una red comercial para dominar las fuentes de ciertas materias primas de consumo suntuario, como el jade, y distribuir cacao, plumas, sal, hule y la resina denominada *copal.* El comercio debió permitir a los olmecas superar su medio geográfico y determinar probablemente la especialización de la productividad campesina. El culto a un dios de rasgos félidos debió ser el mecanismo básico de integración social. Un arte monumental y simbólico es su expresión visible y el testimonio de la importancia de las nacientes clases sacerdotales mesoamericanas.

Palenque. Centro monumental situado al sudeste de México, en el estado de Chiapas. Construido en medio de una exuberante vegetación tropical, destacó en el período clásico (250-900 d.C.). Los edificios presentan una arquitectura equilibrada de ingeniosa funcionalidad, fantasía y notable sentido de la ornamentación. Los techos tienen paramentos inclinados y aleros muy salientes para evitar que las fuertes lluvias penetren en los edificios; ventanales con muros exteriores y aberturas en los paramentos centrales de las bóvedas para una mayor ventilación. Los templos son casi todos pequeños, aunque siempre provistos de un pórtico abierto, y por lo general dos pilares que determinan tres entradas; el pórtico comunica con el santuario y con dos pequeñas celdas laterales; el santuario constituye una pequeña estructura, con techo y muros propios dentro del cuarto central. Debajo del piso de varios templos se hallaron fosas sepulcrales, con una utilización secundaria, en tiempo o en importancia, de la pirámide, en las cuales se han encontrado restos de las culturas precolombinas. Sin embargo, la gran cripta que se halla en el interior de la pirámide que soporta el *Templo de las Inscripciones* y que contiene un extraordinario sarcófago de piedra totalmente esculpido, está unida al templo por una escalera y forma una sola unidad arquitectónica con la pirámide, caso único en la América prehispánica.

Quetzalcóatl. Signo clave del simbolismo náhuatl, si bien el término es traducido ordinariamente por *serpiente emplumada* y no por *pájaro con rasgos de serpiente,* según su sentido literal.

Existen dos ejemplos teotihuacanos de esta última variante: un águila de lengua bífida y un *quetzal* entrelazado con la estilización de un reptil. El pájaro simboliza el sol y, por extensión, el cielo. La serpiente simboliza la materia. Su asociación con las divinidades femeninas de la tierra y del agua es constante. El monstruo de la tierra es representado por las fauces abiertas de un reptil. En esta acepción, la materia es sinónimo de muerte, de la nada: cráneos y esqueletos constituyen, junto con la serpiente, el conjunto de los atributos de las diosas. Salvo excepción, los esqueletos y las serpientes están siempre, no obstante, cargados de un dinamismo que, de signo de muerte, los transforma en poder de vida. Resulta significativo que las tres estilizaciones mediante las que manifiesta la omnipresencia del reptil en los centros arqueológicos de toda América capten el movimiento de sus representaciones.

Quetzalcóatl (Señor). Se trata de una cabeza emplumada sentada sobre una estera que simboliza el poder. Su cara ilumina los restos de un vaso descubierto entre los innumerables tiestos provenientes de los escombros del palacio Zacuala. En los manuscritos precolombinos la barba caracteriza al rey Tula y los círculos que adornan su frente y su cuello representan las piedras preciosas que lo señalan en los códices. El atributo por excelencia de Quetzalcóatl es el caracol colgado del pecho en cortes longitudinales y transversales, que los viejos sabios tenían como símbolo del nacimiento. La historia de Quetzalcóatl comienza con el suceso que determina la partida hacia *los confines del mundo, hacia el horizonte donde el cielo y la tierra se unen,* y acaba en la hoguera: su vida se limita a esa peregrinación, a esa búsqueda de un *Más Allá,* y su soberanía no puede descansar más que sobre ese alto hecho de orden interior. Quetzalcóatl es rey debido a su decisión de cambiar el curso de las cosas, de emprender una marcha a la cual no le obliga más que una necesidad íntima; es señor porque obedece su propia ley, porque es fuente y principio de movimiento.

Teotihuacán. También llamada *Ciudad de los Dioses,* está situada al nordeste del valle de México, es uno de los centros ceremoniales mesoamericanos más importantes de la época; construida entre los siglos II a.C. y II d.C., su gran esplendor atraerá durante siglos a millares de peregrinos venidos de todas partes. La ciudad está construida alrededor de un inmenso centro ceremonial cuyo eje es la llamada Calzada de los Muertos. A lo largo de dos kilómetros se suceden uno tras otros los templos y los grandes complejos ceremoniales, entre los cuales destaca la Ciudadela, que encierra el templo de Quetzalcóatl, verdadero alarde de talla en piedra. La pintura mural teotihualcana nos da a conocer aspectos muy variados del pensamiento eminentemente religioso de este pueblo. Todo parece haber sido sometido a un complejo proceso de abstracción, en el cual los colores mismos habían adquirido un valor simbólico. También hay que destacar la cerámica ritual, con su rica decoración esgrafiada o pintada; la forma más característica es la de unas vasijas trípodes de fondo plano, de paredes ligeramente cóncavas y de tapadera cónica. Esta ciudad fue, durante algunos siglos, la metrópoli religiosa de Mesoamérica, siendo asombroso, por otro lado, el adelanto urbanístico que se observa: los ríos estaban perfectamente canalizados, así como las calles y avenidas en ángulo recto y respetando la orientación inicial dada por la pirámide del sol, cuya fachada principal mira exactamente hacia el oeste del día en que el sol pasa por el cenit en esta ciudad; si sumamos a esto los grandes depósitos de almacenamiento de agua de lluvia, talleres especializados en la elaboración de ciertos productos, silos, mercados públicos al aire libre, teatros y áreas destinadas al tradicional juego de la pelota, conjuntos de edificios administrativos, etc., constataremos que nos hallamos por primera vez en el continente americano ante un verdadero contexto urbano. En el siglo VII d.C., un incendio destruyó parcialmente la ciudad, marcando el inicio de un proceso de abandono de la misma y la consiguiente decadencia cultural.

Tolteca (cultura). Civilización que penetra en el valle de México de la mano del jefe Mixcóatl, estableciéndose en el centro de la Estrella, en Culhuacán, y más tarde en Tulancingo. De Mixcóatl y Chimalma, nace Ce Acatl Topiltzin Quetzalcóatl, quien, educado en Morelos en las costumbres teotihuacanas, va a protagonizar el primer enfrentamiento entre dos formas de ver el mundo, las que se concretan en el dios civilizador Quetzalcóatl y el dios solar y guerrero Tezcatlipoca. En trescientos años la cultura tolteca deja una huella profunda en la mente de los habitantes de Mesoamérica, llegando su penetración militar hasta Sinaloa, Tabasco y Yucatán, mientras que su influencia cultural aparece en lo alto de Guatemala y en el golfo de México, siendo reivindicados sus dioses y símbolos por multitud de grupos étnicos posteriores. La arquitectura tolteca cubre grandes espacios, gracias a la utilización del pilar y la columna. El mejor exponente de este estilo arquitectónico lo encontramos en la capital, Tula; esta urbe es la más antigua de la tierra de Anáhuac y una de las más celebradas de la historia de México; fue la metrópoli de la nación tolteca y la corte de los reyes.

Zapoteca (cultura). Civilización surgida durante el período clásico en el territorio mexicano de Oaxaca, teniendo como centro principal la ciudad de Monte Albán. La parte superior de una montaña fue nivelada para crear un espacio de 935 por 443 metros, sobre el cual se elevaron plataformas, templos y un juego de pelota. En las laderas hay cientos de casas de habitación y lujosas tumbas de cámaras subterráneas abovedadas, decoradas con pinturas de dioses y sacerdotes. Se han descubierto algunas estelas talladas en bajorrelieve con figuras y jeroglíficos, así como abundantes recipientes y urnas funerarias de cerámica. En Monte Albán se hicieron quizá los ensayos de la primera escritura de Mesoamérica, pero su desarrollo se supeditaba a las necesidades religiosas, siendo la principal divinidad la del agua, Cocijo, en estrecha relación con Pitao Cozobi y Xochipilli, príncipe de las flores, venerado como dios de la primavera y la vegetación. Todos ellos eran atendidos por un sacerdocio especializado que utilizaba las observaciones astrológicas y el calendario para fijar las tareas y dirigir los rituales del ciclo agrícola, que recibían un tributo particular con destino al mantenimiento de los templos y que controlaban políticamente la economía a través del sistema de tenencia de la tierra y de la participación en la puesta a punto de los mercados. La fuerza de la religión zapoteca se ve reflejada en Monte Albán como mejor ejemplo.

LA NATURE ET MEXIQUE

Avec près de 2 millions de km², le Mexique a plus de trois fois et demie la superficie de la France parmi les pays de l'Amérique latine, il est le troisième par l'étendue et le second par la population. Pourtant, depuis qu'il est indépendant, il a perdu plus de la moitié de son territoire: ses limites furent d'abord mouvantes, au nord comme au sud. C'est que la nature a fait du Mexique un pays de transition. Au sud, il se resserre jusqu'á 200 km de largeur, á l'isthme de Tehuantepec. C'est par là qu'il s'attache au système noueux des chaînes de l'Amérique centrale: sa frontière avec le Guatemala est artificielle. Au nord, il s'ouvre largement sur les immensités des Etats-Unis, grandes plaines du golfe du Mexique et vastes plateaux des Rocheuses. Traversé à peu près en son milieu par le Tropique du Cancer, il appartient par ses provinces méridionales au monde tropical humide de l'Amérique centrale, et par ses provinces du nord au monde subtropical sec du grand désert américain. Une certaine dissymétrie climatique s'observe aussi entre l'est fortement arrosé par les alizés qui soufflent du golfe, et l'ouest qui en est abrité par la masse des montagnes et des plateaux. Mais les contrastes les plus vifs sont peut-être ceux qui proviennet des différences d'altitude. Les deux chaînes mexicaines qui prolongent les Rocheuse vers le sud, les Sierras Madres, encadrent un haut plateau. Elles dominent par des escarpements souvent formidables les plaines qui bordent á l'est le golfe du Mexique, et á l'ouest l'océan Pacifique. Des cotes aux parties les plus élevées du plateau s'étagent terres chaudes, terres tempérées et terres froides (*tierras calientes, templadas, frías*), avec des paysages végétaux et des cultures caractéristiques. Mais c'est dans la partie centrale du Mexique que cet étagement est le mieux marqué et le plus profitable à l'activité humaine: il faut donc mettre à part, entre le Mexique sec du Nord et le Mexique humide du Sud, cette région intermédiaire, qui est le vrai coeur du pays.

François Weymuller

PRESIDENTES DE MÉXICO
Inmediatamente antes, durante y después de la Revolución

1872-1876: Sebastián Lerdo de Tejada
1876: Porfirio Díaz
1876-1877: Juan Méndez
1877-1880: Porfirio Díaz
1880-1884: Manuel González
1884-1911: Porfirio Díaz
1911: Francisco León de la Barra
1911-1913: Francisco Indalecio Madero
1913: Pedro Lascurain
1913-1914: Victoriano Huerta
1914: Francisco Carvajal
1914: Venustiano Carranza
1914-1915: Eulalio Gutiérrez
1915: Roque González Garza
1915-1920: Venustiano Carranza
1920: Adolfo de la Huerta
1920-1924: Álvaro Obregón
1924-1928: Plutarco Elías Calles
1928-1930: Emilio Portes Gil

Capítulo Primero

— Hablemos sobre Guadalupe Victoria —
(secuencias biográficas más importantes de su trayectoria política)

Es de justicia ofrecer constancia ante el lector de que elaborar la biografía de Guadalupe Victoria se convirtió desde el principio, para nosotros, en un auténtico desafío a la tenacidad y la perseverancia, un reto a la imaginación, la improvisación, incluso el presentimiento o la corazonada y, por supuesto, a la intuición, dadas las dificultades que se nos iban presentando a la hora de acceder a las fuentes documentales donde, en virtud de la más elemental de las lógicas, debíamos encontrar los argumentos suficientes para realizar nuestro trabajo con una siempre relativa facilidad, con los mínimos exigibles y exigidos.

Pero nos encontramos con la desagradable e incomprensible sorpresa de que, al parecer, Guadalupe Victoria era —*es*— el gran ignorado de la historia de México. Obvio que no regateamos esfuerzos, empezando por desarrollar un *vaciado* exhaustivo por un sinnúmero de bibliotecas donde, por difícil que resulte admitirlo, no hallamos un solo libro, ni un solo volumen, dedicado a la personalidad del primer presidente de la República Constitucional mexicana. Ni en el mismísimo Consulado de México en Barcelona —donde, queremos dejar constancia de nuevo, fuimos atendidos con extrema y profesional amabilidad por todos y cada uno de los funcionarios—, en su biblioteca, pudimos tropezarnos con la *piedra filosofal* que nos descubriera con íntegra dedicación el ir y venir de Victoria por la política de México. Nada de nada. Sí pudieron trasladarnos una serie de páginas informativas *bajadas* de Internet (algunas de las cuales ya poseíamos) y direcciones de este sistema informático a las que acudir en demanda de *auxilio*.

Con paciencia bíblica y estoicidad numantina (perdonen la exageración) hemos conseguido reunir hojas sueltas, documentos aislados, breves exposiciones de diferentes autores, opiniones de dudosa fiabilidad, sesgos inconexos... Tras poner orden cronológico y grandes dosis de sentido común en todo ese galimatías, en esa atípica barahúnda informativa, creemos estar en condiciones de trasladar a nuestros lectores una biografía, quizá un tanto *sui géneris,* pero biografía al fin y al cabo, de ese trascendental protagonista del que muchos, queriendo o sin querer, parecen haberse olvidado. Hemos tenido la sensación, incluso, de que una especie de incomprensible y extraña amnesia colectivo-histórica rodea la figura de Guadalupe Victoria.

Estamos en la inteligencia, ciertamente, de que en una biblioteca de Durango (México) parece que sí, parece que existe alguna obra dedicada al primer presidenciable constitucionalista mexicano; el único problema es que Durango nos queda un poquitito lejos de nuestro estudio...

Dice un viejo adagio castellano que *para muestra baste un botón...* Tenemos el *botón* que sirve de *muestra* a nuestra manifestada insistencia acerca de la parquedad en los datos y confusionismo en las exposiciones; basta, para ello, comprobar el inicio de una síntesis biográfica de Victoria, que empieza, textualmente, así: *Existe una gran discrepancia entre los historiadores en relación tanto con la fecha de nacimiento, y hasta del verdadero nombre del caudillo insurgente. La mayoría de autores se inclinan por el nombre de* Miguel Fernández Félix (8), *cuyo nacimiento se produjo el 29 de septiembre de 1786 y el fallecimiento el 21 de marzo de 1843. Estas fechas fueron fijadas tan-*

---

(8) No estamos de acuerdo con esa afirmación, ya que el nombre que parece tomar mayor carácter de oficialidad es el de: Miguel Félix Fernández.

to por personas contemporáneas como descendientes del personaje, quienes aseguraron que... nació en Tamazula, provincia de Nueva Vizcaya, Durango, el 29 de septiembre de 1786 y que su verdadero nombre de pila y apellidos fueron: José Miguel Ramón Adaucto Fernández y Félix... El hecho es *que se le conoce con el nombre que él mismo se impuso de* Guadalupe *por la virgen patrona de México, tan amada del pueblo, y* Victoria, *tan deseada por todo insurgente en la lucha por la independencia.*

Si los propios autores autóctonos y los profesionales extranjeros tienen dudas en detalles tan fundamentales como son el nombre y apellidos y la fecha de nacimiento, eso es una incuestionable evidencia de que las fuentes documentales, además de confusas, son escasas, y de ahí que nos hayamos tropezado contínuamente con casi insalvables dificultades en el momento de acceder a la mínima información fiable que nos permitiera engarzar esta tarea con garantías.

Tampoco queremos que el lector piense ni por un instante que la exposición que precede es un rosario de lamentos producto de la impotencia o de la falta de habilidad estratégica al enfrentarnos con nuestras obligaciones profesionales. ¡Nada de eso, nada más lejos de nuestro ánimo! Nos hemos limitado a puntualizar una serie de hechos que concurren —que han concurrido— en la biografía que presentamos y que han obstaculizado seriamente nuestra labor. Dejando al margen estas cuestiones, trataremos de ofrecerles con la máxima honestidad ese tratado biográfico un tanto *sui géneris,* como decíamos antes, de Guadalupe Victoria.

FUGAZ SINOPSIS BIOGRÁFICA DE GUADALUPE VICTORIA (1786-1843)

Nació en Tamazula, Durango, y murió en Perote, Veracruz. Originariamente, su nombre era José Miguel Ramón Adaucto Fernández y Félix. Estudió en el seminario de Durango, uniéndose, una vez iniciada la lucha independentista, a Miguel Hidalgo, adoptando el nombre de Guadalupe Victoria (9) en 1811. Fue miembro del ejército de José María Morelos, donde ascendió a general (1814); combatió al ejército realista en diversos lugares, entre éstos, Oaxaca, Nautla y el puerto de Veracruz.

En el *Plan de Iguala* (1821), Agustín de Iturbide declaraba que era necesario pacificar el país mediante la *unión de todos los habitantes: americanos y europeos,* unión que se basaba en la *religión católica, el ejército y un gobierno monárquico regido por Fernando VII, para hallarnos con un monarca ya hecho.*

Sin embargo, Victoria propuso modificar dicho plan para llamar al gobierno mexicano a un excombatiente insurrecto y no a un extranjero. Después de que Iturbide se autonombró emperador, traicionando su propio *plan,* Victoria manifestó sus *ideas republicanas,* por lo que la administración imperial lo encarceló. Pudo escapar, partiendo nuevamente a Veracruz, donde firmó el *Acta de Casa Mata* (1823), en que se pedía la *reinstauración del Congreso Constituyente* de 1822, que había derogado Iturbide. Este acta fue firmada también por Vicente Guerrero y Antonio López de Santa Ana, entre otros. Victoria cedió el mando de las tropas veracruzanas a este último.

El triunfo de los republicanos propició la inmediata partida de Agustín de Iturbide hacia el exilio. Guadalupe Victoria fue miembro del triunvirato ejecutivo (1823-1824), con Pedro Celestino Negrete y Nicolás Bravo, pero no ocupó la presidencia del país hasta el 10 de octubre de 1824.

Su gobierno consiguió que los españoles que todavía ocupaban San Juan de Ulúa se rindieran; hizo efectiva la abolición de la esclavitud que había decretado Hidalgo e impulsó la educación. Dos préstamos ingleses la permitieron pagar a tiempo los sueldos del ejército y de los funcionarios del gobierno, y otros préstamos también procedentes de países extranjeros hicieron posible reparar los daños que habían sufrido las minas y ponerlas en perfecto estado de funcionamiento. Comerciantes europeos y norteamericanos se instalaron en México.

(9) Lamentamos ser reiterativos, en ocasiones, con algunos datos personales del biografiado, pero la estructura argumental y literaria de la obra nos obliga a ello.

Para defender sus intereses, los criollos económicamente poderosos crearon agrupaciones políticas que se llamaron *logias masónicas de rito escocés,* grupos que, compuestos por partidarios del centralismo, se oponían con obstinado radicalismo a la república federal. El embajador de Estados Unidos, Poinsett, intervino de nuevo en los asuntos internos de México, organizando a la mediana burguesía en otras *logias* llamadas de *rito yorkino,* que preferían el sistema federal.

Al concluir el gobierno de Guadalupe Victoria, éste se retiró de la vida política para integrarse en sus ocupaciones privadas. Además de haber sido un militar heroico, valiente y pundonoroso, amén de un patriota esclarecido, fue un ciudadano irreprochable que mereció el bien de la patria. Murió en el castillo de Perote a causa de la epilepsia tan pronunciada que le afectaba: la leyenda asegura que el óbito se produjo en el convento El Desierto en Tenancingo, México, donde se había refugiado huyendo del mundo, abrazando la profesión religiosa como lego carmelita. Sus restos descansan en la Columna de la Independencia en México, D. F. El 25 de agosto de 1843, por acta del Congreso, fue declarado *Benemérito de la Patria.*

Retirado Victoria de la presidencia y tras un levantamiento, tomó las riendas de la nación Vicente Guerrero. Entre tanto, los españoles se preparaban en Cuba para reconquistar México, corriendo el rumor de que recibirían ayuda de los españoles que estaban en el país, por lo cual Guerrero expulsó a estos últimos, medida que resultó un auténtico desastre, pues los desterrados llevaron consigo sus riquezas.

Sin recursos suficientes, era difícil resistir las presiones del ejército y del clero, que querían conservar las prebendas que habían tenido en los postreros años del virreinato; difícil era también hacer producir los campos, las minas y las fábricas, y así mismo, mejorar y custodiar los caminos. Sin el dinero necesario resultaba prácticamente imposible potenciar la riqueza del país, afrontar la continuada amenaza de agresiones extranjeras, y más imposible todavía mantener la paz.

Con la intención de reconquistar Nueva España, el gobierno de Madrid envió una expedición comandada por Isidro Barradas, quien se adueñó de Tampico en 1829, pero fue derrotado de inmediato por

López de Santa Ana. Guerrero envió a su vicepresidente, Anastasio Bustamente, al frente de otro ejército a Jalapa, para contraatacar rápidamente en caso de nueva invasión, pero el astuto Bustamente se sirvió de las tropas que le habían sido confiadas para rebelarse contra Guerrero, vencerle y apoderarse de la presidencia de México.

Vicente Guerrero se refugió en las montañas del sur y Bustamante, según se dice, pagó cincuenta mil pesos de oro a un marino genovés, Francisco Picaluga, para que capturara y le entregara a Guerrero. Picaluga invitó al insurgente a comer en su barco, en Acapulco, y cuando lo tuvo a bordo levó anclas. Guerrero fue acusado de traición y fusilado en Cuilapán, Oaxaca, el 14 de febrero de 1831. Tras su muerte, hubo levantamientos que obligaron a Bustamante a dejar la presidencia.

CRONOLOGÍA DE LOS HECHOS MÁS DESTACADOS DEL COMETIDO INSURGENTE Y POLÍTICO DE GUADALUPE VICTORIA

* Político y general mexicano, nacido en Tamazula, Durango, el 29 de septiembre de 1786.

* Se alistó en el ejército independentista en 1811, luchando en Oaxaca en 1812 y en Veracruz, provincia en la que gobernó de 1814 a 1817.

* Iturbide lo mantuvo alejado de la política por manifestarse contra su autonombramiento de emperador, pero al proclamarse la República en 1822 fue presidente electo de la misma.

* Organizó la economía, creó la marina mercante, estableció relaciones diplomáticas con otros países y abolió la esclavitud, retirándose en 1839 a la vida privada.

* *Generalmente los historiadores utilizan el seudónimo de* Guadalupe Victoria *para nombrar según unos a* Miguel Fernández Félix *o* Miguel Félix Fernández, *y según otros a* Manuel Félix Fernández.

* También existen dudas y cierta confusión respecto al lugar de nacimiento de Victoria, aunque los criterios generales se inclinan por Tamazula, en la provincia de Durango.

* Para tener en cuenta otras opiniones, transcribimos unos párrafos de *México a través de la Historia* (Tomo III, 1968) que dice: *La segunda mitad del año 1811 se llenó de partidas armadas, al frente de las cuales se puso a don* Félix Fernández, *oriundo de Sonora, que acababa de hacer sus estudios de jurisprudencia en el* Colegio de San Ildefonso de México *y que había de conquistar éxito y fama en la historia de México, bajo el seudónimo de* Guadalupe Victoria.

* Hubo un momento en que parecía sofocada la Revolución por la independencia. Mier y Terán, Victoria, Rayón, Bravo y Guerrero sostenían la lucha que todos suponían próxima a extinguirse.

* Reunidos en el cuartel general cinco mil hombres, rodeado Morelos de Matamoros, los Galeana, Miguel y Víctor Bravo, Guadalupe Victoria, Vicente Guerrero y Manuel Mier y Terán (siendo este último nombrado comandante general de Artillería) salieron de Tehuacán el 10 de noviembre hacia Oaxaca; entre tanto, Izúcar y Tehuacán, abandonadas, fueron ocupadas por los realistas.

* Catorce días tardaron en alcanzar el valle de Etla, y apenas tomada la villa, el 24 de noviembre, Morelos intimó redición a Saravia. La angustia se apoderó de los habitantes de la ciudad (el obispo Bergosa y Jordán, salió oculto del convento, llevándose su familia y sus caudales). Antes de las diez de la mañana del 25, las columnas de Morelos emprendieron el ataque y, tras cruenta lucha, los parapetos fueron cayendo. Uno de los últimos en caer fue el del Juego de Pelota; atacó el coronel Guadalupe Victoria, lanzando su espada hasta donde se hallaban los realistas, gritando: *¡Va mi espada en prenda y yo voy por ella!*, arrojándose seguidamente al foso que protegía la posición para cruzarlo a nado hasta el pie del parapeto, seguido de sus soldados e, instantes después, se hacían dueños de la fortifi-

cación. González Saravia fue hecho prisionero cuando huía a toda prisa por el camino de Tehuantepec.

* A principios de 1815, Guadalupe Victoria era amo, dueño y señor de la carretera que unía Veracruz y Jalapa, fortificado en el puente del Rey, desde donde obstruía enérgicamente el paso de las tropas realistas y de los convoyes cotidianos, algunos de éstos custodiados por Águila, quien hizo frecuentes intentos para forzar las posiciones de Victoria, siendo rechazado una y otra vez en diversas acciones entre enero y abril de aquel año.

* Se retiraba Rayón a Zacatlán, quedando Rosains al mando de Veracruz, pero muchos de los comandantes que enarbolaban las banderas de la Revolución no estaban dispuestos a someterse a sus órdenes ni admitir su autoridad, sobresaliendo de entre ellos José Antonio Martínez, a quien Rosains hizo fusilar, afirmando que había muerto por su actitud desconsiderada y hostil, suceso que se produjo en el transcurso del mes de mayo.

* El 22 de junio Victoria hacía literalmente trizas un convoy que circulaba de Jalapa a Veracruz. Este sonado éxito, añadido a otros muchos, quizá de menor espectacularidad pero igualmente efectivos, determinaron que los comerciantes veracruzanos accedieran a cotizar las pensiones establecidas por Rosains. Informado éste de que Victoria y otros jefes de la provincia de Veracruz desconocían su autoridad (o fingían ignorarla), se puso en camino para castigarlos, saliendo de cerro Colorado rumbo a Huatusco, lugar que halló abandonado, y el 27 de julio se dirigió a San Juan Coscomatepec; al llegar a la barranca de Jamapa, se detuvo, pues al otro lado se encontraban Corral y Montiel atrincherados.

* Se efectuó una conferencia en la que Manuel Mier y Terán trató de exterminar a Rosains, consiguiendo el 20 de agosto de 1815 alzarse con el mando y capturar a Rosains (su antiguo jefe). Engrilletado y sometido a toda clase de humillaciones fue conducido a Huatusco y entregado a Guadalupe Victoria, quien se negó

a custodiarlo, por lo que se le trasladó a Zacatlán. Rosains pudo escapar en las cercanías de Calco, refugiándose en la casa del cura de Ixtapalapa, desde donde escribió al arzobispo Fonte en solicitud de indulto, que le fue concedido el 14 de octubre. Fijó su residencia en Puebla, falleciendo un año después de consumada la independencia. La posteridad no ha admitido atenuante al proscribir a Rosains y la patria tampoco le cuenta entre sus ilustres defensores.

* Al concluir la guerra con Francia, Fernando VII se encontró en situación de enviar a las colonias americanas un número considerable de tropas, diez mil hombres concretamente, al mando del general Pablo Morillo, que arribaron al virreinato de San José de Bogotá. Posteriormente dispuso de otro numeroso contingente bélico que habría de dirigirse a Buenos Aires. Pidieron los comerciantes que las tropas de dos mil hombres que debían embarcar con rumbo a Panamá, a las órdenes del brigadier Fernando Miyares Mancebo, fueran destinadas a la pacificación de Nueva España y les fue concedido tal privilegio, llegando la expedición a Veracruz el 18 de julio de 1815. Lo primero que hizo Miyares consistió en alejar de la malsana costa a la tropa, conduciéndola a Jalapa; estudió el terreno y propuso a Calleja un plan para abrir al tráfico la carretera nacional y el camino de Veracruz-Puebla, pasando por Córdoba y Orizaba. Calleja no sólo aceptó, sino que puso bajo su mando la administración militar que comprendía Jalapa, Perote, Orizaba y Córdoba, que se nominó Comandancial General de Valles. El 20 de julio dispuso Miyares el traslado de los equipajes de sus efectivos.

* Guadalupe Victoria mandó reforzar las defensas del puente del Rey. Miyares llegó el 24 de julio ante los independentistas, ordenando el ataque; Victoria, que lo defendía, se retiró a Nautla, siguiéndole Armiñán, acompañado del coronel Marqués Donayo. Durante varios días Guadalupe mantuvo reñidos encuentros con las tropas federales, que abandonaron definitivamente la persecución a mediados del mes siguiente. Victoria acampó en Alto del Tisar no lejos de Misantla. Estos descalabros hicieron cundir el de-

sánimo entre los insurgentes de la provincia de Veracruz, acogiéndose al indulto algunos, y otros, como José Santos Castañeda, suplicaba al virrey *que reciba benignamente mis votos y que me conceda su superior licencia para dirigirme en primera ocasión hasta los pies del trono de mi ofendido rey, la más sumisa representación que pueda hacerle*. Con mayor decoro se acogió el indulto de Carlos María Bustamante, que el 8 de marzo se presentó al comandante del Plan del Río, yéndose de allí a Veracruz, donde fue preso al abordar el bergantín *Baer* en Ulúa; se le trató primero con excesivo rigor, situación que posteriormente fue suavizándose. El insurrecto Manuel Núñez se entregó en Pátzcuaro.

* En mayo de 1816 hizo acto de presencia en Tehuacán Guillermo Davis Ribersón, que se acercaba a Terán para venderle 4.000 fusiles; convino en ello Victoria, dejando pasar los fusiles por Boquilla de Piedra, mediante un derecho de tránsito. Tomado el fuerte de Palmillas, Hevia ordenó buscar a Victoria, cuyo paradero se ignoraba; asolaban todas las regiones que iban recorriendo en busca del militar independentista.

* El comandante Vargas, que se había acogido al indulto en 1817, tomó de nuevo las armas, empecinándose en fuertes combates con el coronel Rincón, hasta que fue asesinado por uno de sus propios compañeros.

* La revolución se había propagado por la provincia de Veracruz, en la zona que rodeaba aquel puerto, donde los habitantes se aprestaron de inmediato a la lucha en seguimiento de Guadalupe Victoria, quien, después de vivir errante por los bosques durante dos años, apareció por el rumbo de Santa Fe y el 20 de abril de 1821 dirigió una proclama a los costeños en la que invitaba a la unión y a la constancia, para alcanzar de una vez por todas la independencia.

* Cayeron en poder de los independentistas el puerto de Boquillas de Piedra, el fuerte de Antigua, el puente del Rey, mientras los indios de Coxquihui perseguían a Llorente.

* A finales de mayo, si se exceptuaba la ciudad de México, todas las provincias se habían levantado en armas.

* Victoria ofreció a Santa Ana servir bajo su mando, pero éste le hizo reconocer, por los demás militares insurgentes y las tropas que tenían a sus órdenes, como jefe supremo de la provincia, tanto por su superior graduación como por los importantes servicios prestados a la patria en pro de la causa independentista.

* Agustín de Iturbide había salido de Valladolid (hoy Morelia) hacia San Juan del Río, el 7 de junio de 1821; a corta distancia de Querétaro el brigadier Lucas destacó una sección al mando del coronel Bocinos, para que cerrara el avance de los insurgentes, pero, en Barranca de Arroyo Hondo, las fuerzas de Iturbide masacraron a las tropas realistas (fue la acción de 30 contra 400, según lo dijo Iturbide al premiar el valor y la heroicidad de sus hombres). Y allí se hizo presente Victoria para conminarle a modificar la idea de llamar al trono de Nueva España a Fernando VII, apuntando que debía proponer a otra persona y reflexionar sobre algunos puntos y principios del *Plan de Iguala.* La manera de exponerlo hizo pensar a Iturbide que Victoria no pretendía otra finalidad que no fuese la de autodesignarse y no le concedió ningún grado en el ejército; se dice incluso que existieron veladas amenazas de Iturbide a Victoria, amenazas, veladas o no, que se cumplirían en su momento, cuando el primero se autoproclamó emperador de México. No es de esa opinión el historiador Bustamente, quien observa que lo único que pretendía Victoria era el triunfo de la independencia y el bienestar de la patria.

* A principios de 1822 la presión opositora al gobierno era francamente alarmante. Domínguez hizo público un documento-informe que desenmascaraba un complot antigubernamental en el que se involucraban importantes personajes como Miguel Barragán, Guadalupe Victoria y Tomás Bravo.

* Amaneció el 27 de octubre, día señalado para el juramento de la independencia. A las 10 en punto de la mañana, el Ayuntamiento,

en sesión solemne y plenaria, hizo efectivo el compromiso, publicándose a mediodía un bando concediendo el indulto a los sentenciados a muerte; a las 4 de la tarde se celebró una multitudinaria procesión cívica, con el pendón imperial a la cabeza, gritándose sucesivamente a los cuatro vientos: *¡México, México, México, jura la independencia del Imperio mexicano, bajo las bases del Plan de Iguala y Tratados de Córdoba!* El pueblo contestaba: *¡Así , así lo juramos!*

* Se habló entonces de complots, conciliábulos sediciosos y conspiraciones, una de las cuales parecían haberla fraguado algunos jefes insurgentes. Reunidos en la casa de Miguel Domínguez, ex corregidor de Querétaro, y sabiendo que Negrete profesaba ideales liberales, le escribieron a Guadalajara, y éste, a su vez, remitió cartas a Iturbide, sobre el tema conspirador en cuestión. Descubierto el complot, fueron detenidos Guadalupe Victoria, Nicolás Bravo, el brigadier Barragán, el licenciado Juan Bautista Morales, Borja, varios oficiales de distintas graduaciones y los frailes Jiménez y Carvajal. De la causa instruida al respecto, no resultó ningún cargo, por lo que fueron los seudoconspiradores puestos en libertad, excepto Guadalupe Victoria (Iturbide se cobraba las amenazas de que se ha hablado en uno de los párrafos precedentes), aunque según la historia (se trata de una versión nunca comprobada de manera fehaciente) se pudo fugar de la prisión.

* A iniciativa de Bustamante el Congreso pidió que se dejara sin efecto la causa instruida contra don Guadalupe Victoria y que éste fuera exonerado de los presuntos cargos que se le imputaban, puesto que se le había nombrado diputado por Durango y su situación momentánea le impedía asistir a la reuniones del Congreso. La comisión dictaminó que, siendo ajeno del cuerpo legislativo el conocimiento de las causas, se esperara al término de la que se estaba formulando a don Guadalupe Victoria. Pese a todo, Bustamente solicitó un salvoconducto para que aquél pudiera asistir al Congreso, pero, dadas las irregulares circunstancias que coincidían en el momento y los peligros a que podía verse abocado, Victoria prefirió seguir manteniéndose oculto hasta que sucesos posteriores le obligaron a abandonar su retraimiento.

* El Congreso decidió formar un gobierno provisional con carácter de Poder Ejecutivo, compuesto por tres personas, que resultaron ser: Nicolás Bravo, Guadalupe Victoria y Pedro Celestino Negrete. Por encontrarse ausentes Bravo y Victoria, se eligió en calidad de suplentes a José Mariano de Michelena y José Miguel Domínguez, nombrándose para el despacho de todas las secretarías a José Ignacio García Illuecas.

* En su momento, y haciéndose eco del clamor popular, el Congreso asumió la trascendental e histórica decisión de apear a Agustín de Iturbide del trono imperial al que él solito se había encaramado.

* El Congreso, órgano de gran significación en aquella etapa, ordenó que se publicara el proyecto de bases de la República Federal, el 21 de mayo de 1823, en el que declaraba: *La nación mexicana adopta para su gobierno la forma republicana, representativa, popular y federal.*

* La presencia de Guerrero, que sustituyó a Bravo al ausentarse por la expedición a Guadalajara, y de Victoria en el poder dio aliento a los insurgentes deprimidos a proclamarse, aunque tímidamente, por el retorno de Iturbide.

* El 19 de julio el Congreso expidió un decreto en el que declaraba beneméritos de la patria en grado heroico a:

** Miguel Hidalgo
** Juan Aldama
** Ignacio Allende
** José Mariano de Abasolo
** José María Morelos y Pavón
** Mariano Matamoros
** Leonardo Bravo
** Miguel Bravo
** Hermenegildo Galeana
** Francisco Javier Mina

agregándose a éstos, por decreto posterior, Jiménez, Moreno, Rosales, Barragán, Muzquiz, Ramos Arizpe, Guadalupe Victoria, Ignacio Rayón y Vicente Guerrero.

* La sociedad volvió a inquietarse al saber que de Veracruz a Jalapa habían pasado los señores Osés e Irisarri, comisionados por el gobierno de Madrid. Ambos entraron en relación con el general Victoria y regresaron a San Juan de Ulúa, sin haber concretado arreglo alguno.

El general Guadalupe Victoria presentó una enérgica protesta ante los señores comisionados del Gobierno de España por la ocupación de la isla de Sacrificios. (Aportamos una secuencia transcrita del texto original de la susodicha protesta; procedencia y clasificación: *Colección Documental de la Independencia Mexicana, mss. 278*).

Transcribimos:

Por partes oficiales del gobierno de la plaza de Veracruz se ha enterado el Supremo Gobierno de las avanzadas pretensiones del (gobierno) castellano de San Juan de Ulúa sobre la isla de Sacrificios, cuyo dominio cree pertenecerle, sin embargo de ser posesión mexicana, situada fuera de los tiros de su cañón. Semejante procedimiento, tan injusto a todas luces, como la escandalosa protección que día y noche se dispensa en la misma fortaleza a toda clase de contrabandista con perjuicio de este Erario no ha podido menos de excitar la indignación (sigue un término ilegible) que justamente ha marcado aquel acto como un insulto directo a la dignidad y decoro de la nación, al paso que observa en ésta todo el carácter de la mala fe con que por medios indirectos se maquina la decadencia del Estado.

En cualquier tiempo hubiera causado extrañeza tan temeraria conducta pero, singularmente, debe llamar la atención de todo el mundo por haberse ausentado después de que ustedes se anunciaron a este Gobierno en clase de enviados del español como ministros de paz, unión y fraternidad, autorizados para celebrar tratados tan provisionales de comercio a que jamás se hubiera abierto la puerta si ustedes no hubiesen anticipado tan solemne protesta cuyo espíritu y objeto está contrariado altamente por las ulteriores miras del Jefe Castellano.

En consecuencia, como órgano del Supremo Gobierno, les manifiesto a ustedes a fin de que tomen por su parte las medidas que juzguen convenientes para evitar, en lo sucesivo, el menor motivo de otro reclamo en insistencia que el primero que se repita se expedirá a ustedes el correspondiente pasaporte quedando, desde luego, cortada de raíz toda relación con España.

Dios y Libertad. Jalapa, 12 de agosto de 1823.
Guadalupe Victoria.
(rúbrica)

* Pocos días después el general Lemaur, que había sustituido a Dávila en el mando de la fortaleza, rompió fuego contra Veracruz, causando graves daños a la ciudad y a los arreglos encaminados entre México y España, iniciados por Victoria.

* La actitud hacia los españoles era ciertamente confusa, dado que se les consideraba como un peligro u obstáculo en el camino de los mexicanos hacia la independencia, hecho este en el que había más ofuscación que realidad, pues los españoles afincados en México habían formado familias, radicado allí sus bienes, establecido industrias y su integración era tal que podían ser llamados *nacionales*. Sin embargo, el coronel Antonio León y su hermano Manuel resucitaron en Oaxaca el proyecto del coronel Hernández y el general Lobato, promovido en Cuernavaca y en

la capital, consistente en despojar a los españoles de sus propiedades y empleos. La primera víctima fue Cayetano Machado, receptor de alcabalas de Huajuapan, que fue asaltado y muerto por el sargento Trinidad Reina.

* El movimiento antiespañol era tan alarmante que se envió a Victoria para sofocarlo, ordenando éste que se instruyera causa a los culpables. Reina declaró haber procedido siguiendo órdenes de Lamadrid y acusó así mismo a los hermanos Antonio y Manuel León. Lamadrid y Reina fueron ejecutados, mientras que los hermanos León recibieron el indulto del Congreso.

* Entre tanto en México continuaba la redacción de la constitución federal. Zavala por morosidad y Alamán, enemigo de la federación, afirmaban que los diputados no habían hecho otra cosa que copiar mal las constituciones francesa y norteamericana.

* Es opinión que se trató de un pacto entre lo antiguo y lo nuevo, concediéndose la federación a cambio de los privilegios que habían gozado y seguirían haciéndolo clero y ejército. Elementos que no se encontraban presentes ni en la constitución francesa ni en la estadounidense.

* Llegó el momento esperado de elegir presidente de la República, dividiéndose las opiniones entre Victoria, Bravo y Guerrero.
* Los sufragios favorecieron a Guadalupe Victoria, siendo elegido Bravo como vicepresidente.

* El 4 de octubre de 1824, el Congreso proclamó la Constitución.

* El Reino Unido envió a sus representantes diplomáticos con instrucciones concretas de establecer pactos de amistad y comercio). Puesto sobre la mesa el tratado, México no lo consideró admisible. Victoria nombró agentes especiales para resolver el contencioso. El acuerdo presentando por éstos fue finalmente rechazado por los británicos.

* Inglaterra, insistiendo en el asunto, envió a Mr. Morrier, quien obtuvo la concesión de que el tratado se ajustara en Londres, y para el caso, Victoria nombró a Sebastián Camacho.

* El reconocimiento de la independencia y la celebración de dichos tratados tuvieron efecto para que compañías inglesas explotaran en México el ramo de la minería, que benefició al país con grandes capitales que derramaron sobre las arcas de la República 30.000.000 de pesos, acogidos con júbilo en función del bienestar que causarían a la depauperada economía mexicana.

* La masonería cobró gran auge y desarrollo, dándose motivo al establecimiento del *rito York,* que estimuló al *escocés,* que ya existía, y publicaba el rotativo *El Sol.*

* El *rito York,* creado por Victoria, publicó un periódico con la cabecera *El Águila Negra,* y en 1815 contaba con cinco logias promotoras de la educación.

* Los *escoceses* editaban *El Observador,* en el que escribían Del Campo, Quintero, Tagle, Florentino Martínez, el doctor Mora, etc.

* Los medios de información escritos experimentaban un importante conocimiento. En Veracruz, *El Mercurio,* que dirigía el castellano Ramón Ceutí, demócrata; en Yucatán se editaban dos, uno de los cuales se denominaba *El Yucateco;* en Jalapa, *El Oriente;* en México, además de *El Águila Negra* y *El Sol, El Correo de la Federación,* y no faltaban en Puebla, Michoacán, Guadalajara, San Luis Potosí, Oaxaca, etc., rotativos que revelaban el espíritu público.

* Los cubanos refugiados en México formaron una asociación llamada *La Junta Protectora de la Libertad Cubana,* de la que pronto muchos generales, diputados y senadores mexicanos formaron parte activa.

* El presidente Victoria pretendía que el Congreso le autorizara a enviar una expedición de auxilio a La Habana, pero hubo de desistir finalmente por tratarse de una aventura para la cual no estaba autorizado.

* En 1826 salió Tomás Salgado del encargo de Hacienda, siendo sustituido por Francisco García, versado en asuntos financieros. Para remediar el desorden de la secretaría, propuso cambios importantes en el personal, pero Victoria no los aceptó, razón por la cual García dimitió de la cartera cuando apenas llevaba un mes en ella. En una reseña histórica, Tornel afirma que a Francisco García le faltó resolución y personalidad, al tiempo que le sobraba el temor de comprometer su buen nombre.

* Los problemas económicos de México se contenían en la detención de pagos de la Casa Barclay, Herring, Richardson y Compañía, que dejaban de satisfacer letras libradas por el ministro de Hacienda, Ignacio Esteva, cercanas a los 500.000 pesos. Poco tiempo antes había quebrado la Casa Goldmit, perdiendo el Gobierno de México la cantidad de 100.000 pesos.

* Vicente Rocafuerte, encargado de los negocios de México en Londres, sacó de la Casa Barclay 63.000 libras esterlinas para prestarlas a Colombia, sin réditos, y Colombia no pagó durante treinta años; hasta 1856 ó 1857 no se enajenó tal cantidad a un comerciante que la tomó a vil precio.

* Señalan al gobierno de Victoria como uno de los más venturosos, sin embargo su administración no fue la más feliz (en quiebras, préstamos sin intereses, compras nefastas y pagos de deudas atrasadas, *desaparecieron* 22.800.000 pesos); en cuatro años se malversó el producto de los empréstitos de Londres.

* Tras la retirada de Francisco García de la cartera de Hacienda, regresó José Ignacio a desempeñar el cargo, solicitando de las cámaras que autorizaran al Gobierno para tomar de las aduanas marítimas dos terce-

ras partes del numerario y una en créditos, para salir de tan complicado momento económico, aprobando el Congreso la susodicha petición.

* Los derechos del fisco se convirtieron en una operación desastrosa y, como consecuencia, se cernía sobre el Erario una deuda flotante con gran provecho de los agiotistas (10).

* En diciembre de 1827, un hombre de carácter feraz, antiguo insurgente, logró reunir 2.000 hombres, prometiendo no dejar las armas hasta que los españoles salieran de la República, lo que les hizo saber a Zavala y Guerrero, en comunicado de 16 de diciembre.

* El teniente coronel Espinosa, y con idéntico propósito, alzó en armas en los llanos de Apan, 500 efectivos de caballería. Se produjeron levantamientos similares en Toluca y Acapulco.

* El 1 de octubre la legislatura del Estado de México expidió el decreto de expulsión de los españoles de todo el Estado. El más vehemente y visceral promotor fue el cura de Yautepec, Epigmenio de las Piedras.

* La partida mandada por Espinosa sirvió de mucho a la revolución proyectada por el *rito escocés* que buscaba un jefe intachable; Nicolás Bravo, no obstante su investidura de vicepresidente de la República, se puso a la cabeza de la revolución armada. Cuando se sintieron convenientemente preparados, publicaron un plan patrocinado por el coronel Manuel Montaño, plan que propugnaba la reorganización del gobierno, destrucción de las sociedades secretas (increíble esto último, dado que participaba en el redactado de dicho plan una logia masónica), expulsión del representante de los Estados Unidos y el cumplimiento fiel y exacto, a rajatabla, de la Constitución.

---

(10) Persona que se dedica al *agiotaje*, o sea, que negocia o especula de manera hasta cierto punto fraudulenta con el cambio de moneda o con valores en Bolsa. El término *agiotista* suele aplicarse, en general, peyorativamente.

* Guadalupe Victoria supo, con evidente pesar, de los compromisos contraídos por Bravo, comisionando a dos personajes de su confianza para que trataran de convencer al vicepresidente de lo desafortunado de su actuación, pero las gestiones de esos hombres no recogieron los frutos buscados. Pese a las presiones a que se estaba viendo sometido, Victoria se negó a encarcelar a Bravo: *Para que se justifiquen las providencias del gobierno contra el señor Bravo, es indispensable que él mismo ponga en evidencia su conducta a los ojos de la nación.*

* Rasgo tan notable venía a ser una nueva muestra de la honestidad y rectos principios del presidente.

* Bravo se dirigió a Tulancingo, parapetándose para recibir a Guerrero, quien cayó sobre dicha población sin dar tiempo a que su antagonista pudiera preparar la defensa.

* Tulancingo fue atacada el 6 de enero de 1828 y tras débil y fugaz resistencia (ya se ha dicho que Bravo no tuvo tiempo, prácticamente, ni para situarse con unas ciertas garantías) quedaron prisioneros todos los jefes insurrectos. Antonio López de Santa Ana estuvo al lado de Guerrero (en una más de sus maniobras faltas de ética y de respeto al propio código castrense que había juramentado), pese a que moralmente estaba comprometido hasta el tuétano con los sublevados.

* Los generales insurgentes Barragán y Armijo corrieron idéntica suerte que Bravo y Berdejo, pero la buena fe y disposición de Guerrero, decidido a evitar nuevos derramamientos de sangre, llevó a aquellos a aceptar el armisticio que les propuso este último.

* En los sucesos acaecidos en Tulancingo pudo observarse que los *escoceses* estaban dispuestos a jugarse el todo por el todo, sin meditar las consecuencias ulteriores. Esperaban que el *Plan de Montaño* repercutiera en toda la República, pero sólo lo hizo en el Gobierno

de Veracruz. Es de advertir que los historiadores que han tratado los hechos de Tulancingo atribuyeron a Santa Ana la intención de sumarse a los pronunciados, pero que desistió de su propósito al comprobar la superioridad de los efectos de que disponía el Gobierno.

* El diputado Manuel Carpio redactó un manifiesto en el que no clarificaba satisfactoriamente la actitud de aquella corporación, que comisionó además a dos de sus miembros para que hicieran una retractación ante el Gobierno general y que las autoridades de Veracruz se comprometieran de manera formal a no perturbar de nuevo la paz pública.

* El presidente Victoria recibió cordialmente a la comisión y se convino en que Antonio López de Santa Ana partiera de inmediato para encargarse de la administración de Veracruz.

* Mientras Guadalupe Victoria seguía dando muestras de su talante pacifista y conciliador, José María Tornel, gobernador del Distrito Federal, testimoniaba su carácter arbitrario y su dureza de alma. Mr. Lissautte, director del Instituto de Jalisco, publicaba *El Tribuno*. Sospechando que los mejores artículos surgían de la pluma de Lissautte, Tornel, sin pensárselo dos veces, le envió al destierro. Bajo la protección de Zavala se mantuvo un día en el Estado de México; para cumplir una diligencia pasó al Distrito Federal, haciéndole detener Tornel para embarcarlo con rumbo a Nueva Orleáns. Lissautte regresó a México a ocupar su destino en Guadalajara.

* Al acercarse las elecciones de agosto de 1838 para presidente y vicepresidente, Guerrero y Miguel Gómez Pedraza (ministro de la Guerra) se encontraron frente a frente.

* Guerrero estaba considerado como un héroe nacional que amaba al pueblo, a sus gentes sencillas, rehuyendo el trato con la elite cultivada. Era consciente de sus carencias educativas, los errores

de su lenguaje y de algunos de sus rústicos y nada delicados modales. Gómez Pedraza no tenía los defectos de Guerrero, pero tampoco sus cualidades ni su carisma.

* Los *escoceses,* casi todos generales, notables del clero y gentes ilustradas, formaron partido con el apoyo de los españoles en favor de Miguel Gómez Pedraza. Los *yorkinos,* por su parte, atacaban los sentimientos religiosos del pueblo e hicieron de las tribunas de prensa una exposición de insultos y falsedades, siendo objetivos de éstos, a partes iguales, Guerrero y Gómez Pedraza.

* Celebradas las elecciones, el ministro de la Guerra reunió la mayoría.

* El 13 de septiembre se publicó en México un escrito titulado, *Levantamiento del general Santa Ana* o *Grito de Libertad,* en el que se anunciaba lo que iba a suceder transcurridas setenta y dos horas. Antonio López de Santa Ana, al frente de 800 hombres, se trasladó de Jalapa a Perote y en la fortaleza declaró que se mantendría alzado en armas en tanto Guerrero no sustituyera a Gómez Pedraza. Por su parte, el Congreso, con fecha 17 de septiembre, declaró fuera de la ley a López de Santa Ana.

* El Gobierno estaba preparando un contingente de tropas numeroso para sofocar en su cuna el escándalo y hacer que Santa Ana y sus cómplices fueran castigados conforme a lo dispuesto en los códigos. Pero, no concluidos todavía los preparativos, se supo en México que el general Monte de Oca y el coronel Juan Álvarez, en el sur, ocupaban la plaza y el castillo de Acapulco al tiempo que proclamaban el plan de Santa Ana. Y por si todo esto fuera poco, como gran parte del Ejército era hostil a Gómez Pedraza, éste se vio coartado a la hora de desplegar su total severidad.

* Lorenzo de Zavala fue declarado en rebeldía por el Congreso, con lugar a formación de causa y tenaz persecución por parte del ministro de la Guerra; se refugió en la capital la noche del 29 de octubre, suponiéndose que motivado por propósitos revolucionarios, dado que se supo que estaba en todo momento en contacto con personajes que conspiraban contra el Gobierno. Permaneció escondido hasta el 30 de noviembre, fecha en que, Santiago García y José María Cadena, ocuparon el edificio de la Acordada, donde estaba instalado el parque de artillería. De ahí al pronunciamiento de Guerrero, sólo un paso. Tal pronunciamiento sorprendió, y mucho, al Gobierno.

* Presentándose en la Acordada el brigadier Lobato, propuso que le dieran el mando, oponiéndose a ello el coronel Santiago García, pero sí fue reconocido como jefe Zavala, que hizo acto de presencia el 1 de diciembre. El Gobierno encomendó a José María Tornel y a Ramón Rayón la tarea de disuadir a los sediciosos y obligarles a deponer las armas, pero la respuesta fue una contundente negativa. Vicente Guerrero se encontraba ya muy cerca de la ciudad, por lo que los rebeldes intimaron rendición al Gobierno, el 2 de diciembre, exigiendo la expulsión de los españoles en el término de veinticuatro horas. Las fuerzas federales se dispusieron a pasar al ataque, abriendo varios frentes contra los sublevados, disparando contra éstos sin mayores contemplaciones aquel mismo día.

* Una vez dado el primer impulso a la rebelión, Guerrero se retiró a Tlahua, sin que en ningún momento hayan quedado claras las razones que motivaron tal circunstancia.

* Pedraza, oculto bajo un ridículo disfraz, huyó de la capital, amparándose en las sombras de la noche del día 3, para refugiarse en Guadalajara.

* Cuenta Alamán que Zavala, para atraerse el máximo número de insurgentes posible, ofreció en bandeja de plata el saqueo de Parián, donde los comerciantes españoles eran mayoría. No pudo explicarse ni entenderse la retirada del general Filisola, en aquel mismo instante, para dirigirse a Puebla.

* Esta serie de retiradas y de sucesos protagonizados por parte de personajes militares y políticos de ambos bandos, sin explicación razonable aparente, facilitaron la operación de los ocupantes del palacio del Gobierno; los amotinados, pueblo y tropas, tal como había previsto Zavala, saquearon los almacenes y continuaron con el Parián.

* De nada sirvió la presencia de Guadalupe Victoria en la Acordada, suplicando el cese de tanta barbarie y desastre.

* Zavala, jefe del movimiento, dio *ejemplo* de desoír las súplicas del presidente, mandando fusilar al coronel Manuel Garza y dictando igual orden de fusilamiento contra el coronel Cristóbal Gil de Castro, quien, no obstante, logró fugarse estando en capilla.

* La noche del 3 de diciembre, Zavala, acompañado de sus sicarios, acudió al domicilio del magistrado de la Corte Suprema, Juan Raz Guzmán, a quien hirió él mismo en una mano con un tiro de revólver.

* Ignacio Esteva, que había vuelto a la Secretaría de Hacienda, y Miguel Ramos Arizpe, que se había retirado del Ministerio de Justicia, hubieron de ocultarse para eludir las iras sangrientas de Zavala.

* Guadalupe Victoria se estaba quedando solo, abandonado. Refiere Tornel que estaba decidido a huir; así se los expuso al presidente, quien, pese a insistirle, no pudo disuadirle.

* José María Tornel y el general Lobato concertaron una entrevista con Lorenzo de Zavala y el presidente Victoria. Se reconvino a Zavala, que hizo oídos de mercader a las censuras, pidiendo que el general Guerrero ocupara el Ministerio de la Guerra, en el que apenas si duró una semana.

* La noticia de aquella serie de hechos y circunstancias caóticas, del desbarajuste total que amenazaba a la República, no tardó

en llegar al resto de estados, con lo que el trastorno y el malestar ante tal situación se generalizó. La Cámara de Diputados hubo de aceptar la existencia de un motín, declarando insubsistente la elección de Pedraza.

* A principios de 1829 se instaló el Congreso anulando la opción de Gómez Pedraza; Carlos Bustamante fue el único diputado que sostuvo la legitimidad electa de Pedraza, pero su esfuerzo resultó baldío. Inmediatamente, por sufragio universal de la Cámara se eligió a Vicente Guerrero presidente, hecho contra el cual el discrepante en solitario volvió a ser Bustamante.

* El 1 de abril Guerrero ocupó la presidencia, pensando acto seguido en organizar una buena administración, nombrando para ello a protagonistas que consideraba tan aptos como afectos a su persona: José María Bocanegra, Relaciones Interiores y Exteriores; Guerra y Marina, Francisco Moctezuma; José Manuel de Herrera, Justicia y Negocios Eclesiásticos, y para la cartera de Hacienda designó a Lorenzo de Zavala. La situación del erario público se presentaba como de extrema gravedad, cuyas causas principales eran: la revolución de la Acordada y la expedición española que amenazaba desde comienzos de 1829, provocando la suspensión de envíos de mercancías a las costas y falta de importaciones que generaran derechos; deudas de anteriores administraciones que se amortizaban por falta de créditos, suspensión de pagos, exilio forzoso de buen número de españoles que habían partido con sus caudales y deudas atrasadas a funcionarios y miembros del ejército.

* Llegaron noticias hasta la capital federal de que en La Habana, bajo las órdenes de brigadier Ignacio Barradas, se estaba organizando un nutrido cuerpo militar cuyo único y prioritario objetivo era la reconquista de México y su destino inmediato al puerto de Tampico. En agosto, los efectivos españoles habían ocupado el puerto, Altamira y puntos estratégicos limítrofes. Formaba parte de los expedicionarios castellanos fray Diego Miguel Bringas, mexicano

de origen, quien redactó una proclama exhortando a sus compatriotas a la sumisión.

* Francisco Dionisio Vives, capitán general de Cuba, dirigió también un manifiesto a los habitantes de la República de México, donde afirmaba que Fernando VII seguía siendo el soberano de América y aseguraba que, concluida la reconquista, no se tomarían represalias contra nadie.

* La situación de las fuerzas de Barrada era difícil y crítica, dada la escasez de víveres, lo cual estaba creando un evidente malestar entre la tropa. Y así las cosas para el militar español, se hizo sentir la presencia del cuerpo de ejército federal que venía bajo las órdenes del general Manuel Mier y Terán. El general López de Santa Ana avanzó desde Veracruz hasta alcanzar Pueblo Viejo, distante apenas una milla del campamento enemigo.

* El 9 de septiembre Barradas se vio obligado a capitular frente a los expedicionarios de Santa Ana, quien garantizó la vida de la totalidad de componentes de la división española.

* No faltaba en México gente que elucubraba con escritos y arengas (éstas en *petit comité*) contra la independencia, asalariados todos ellos del Gobierno de Madrid, aunque algunos, por causas partidistas, invitaban al ejército a la sedición. En medio de tal caos el Congreso no desatendió sus deberes y, reconociendo la extrema gravedad del momento, revistió al presidente de facultades extraordinarias.

* La noticia del fracaso de la expedición castellana llegó a la capital mexicana la noche del 20 de diciembre; Guerrero se encontraba en el teatro, donde fue interrumpida la representación para informar públicamente de la nueva, acogida con euforia y regocijo sin límites. A las aclamaciones, Vicente Guerrero respondía con voz entrecortada y lágrimas en los ojos, pero no supo o no quiso aprovecharlas políticamente, para evitar las discordias que se estaban viviendo y que dividían a los mexicanos.

* Pese al fracaso de los divisionarios españoles, la pretendida invasión de Barradas no favoreció en nada la postura de Guerrero, al que la prensa, despiadada e inclemente, responsabilizó de una negligencia que podía haberle costado muy cara al país. Guerrero reprimió con dureza a los autores y editores de los textos que atacaban sin miramientos a su persona. Eso, no obstante, le dio argumentos a la oposición para endurecer acremente sus críticas y cargar con bala contra Guerrero, a quien Santa Ana se esforzó al máximo por conseguirle apoyo mayoritario, fracasando estrepitosamente en el intento.

* Guerrero se puso al frente de las fuerzas armadas del Gobierno, pero fue traicionado apenas pisó los límites de la ciudad. Consciente de que todo estaba perdido, se retiró a su hacienda en las montañas del sur, declarando que no era presidente ni general, sino un simple ciudadano dedicado a la agricultura.

* Anastasio Bustamente se hizo cargo del ejército el 1 de diciembre de 1830, como vicepresidente electo y legítimo, formando su gabinete con personal honesto y de confianza, como Alamán y el coronel Facio. El Congreso declaró el procedimiento como de derecho y, pese a reconocer a Guerrero por presidente, admitió así mismo su incapacidad para gobernar. El régimen destacó una serie de espías para vigilar a todo aquel que fuera blanco de la menor sospecha.

* El coronel Francisco Victoria, hermano de Guadalupe, y Juan Nepomuceno Rosains, legendarios héroes de la independencia, adictos a Guerrero, fueron ejecutados sin paliativos.

* Se rumorea que había asesinos procedentes del extranjero excelentemente retribuidos para eliminar a Vicente Guerrero y, ante tales noticias, éste, pese a encontrarse enfermo, decidió ponerse a la cabeza de la oposición, junto al general Juan Álvarez. Contra ellos, envió tropas Bustamante bajo el mando de Nicolás Bravo y Gabriel Armijo, quienes, el 2 de enero de 1831, apabullaron a los insurrectos infligiéndoles una escandalosa derrota.

Álvarez se internó en las montañas mientras Guerrero partía rumbo a Acapulco, embarcando hacia el extranjero. En el puerto de Acapulco trabó conocimiento con el capitán de la marina mercante italiana Francisco Picaluga, que le invitó a comer a bordo de su navío y a trasladarse con él a Huatulco, donde le traicionó, entregándolo a las autoridades gubernamentales. El 13 (otros señalan el 14) de febrero de 1831, la República fusilaba a otro héroe nacional.

* Algunos meses antes, las evasiones de Victoria y Salgado provocaron un estallido unánime de la prensa, ya que casi la totalidad de periódicos exigían al gobierno *un acto ejemplar de energía y severidad para salvar a la patria y salvarse a sí mismo* (según el *Michoacano Libre*).

* El Senado aprobó el 23 de febrero el nombramiento de plenipotenciarios mexicanos para reanudar las negociaciones con Baudin. Recayeron los nombramientos en Gorostiza, ministro de Relaciones Exteriores, y en Guadalupe Victoria, asesorado éste por Mr. Pakenham. Las entrevistas dieron comienzo en Veracruz, el 6 de marzo a bordo de la fragata inglesa *Madagascar*, y a partir del 7 se celebraron en la Casa de Correos de la plaza, concretamente en la estancia que ocupaba Guadalupe Victoria.

* Francia desistió de la demanda del comercio al menudeo, de la urgencia de las declaraciones provisionales de 1827 y del castigo de las autoridades mexicanas que hubieran denegado justicia a súbditos franceses. El desistimiento consistió en que esos puntos no figuraran en el tratado, con la promesa formal del Gobierno de México de que los cumpliría amigablemente, encargándose de la fe de lo pactado Mr. Pakenham.

* El 27 de abril, los franceses celebraron en la parroquia de Veracruz solemnes honras fúnebres por sus compatriotas y por los independentistas mexicanos muertos en combate.

* El 28, Baudin visitó a Guadalupe Victoria para despedirse, y el 29 zarpó de puerto la fragata *Nereida,* llevando a bordo al almirante, seguida del resto de navíos que llevaron a cabo aquella operación, conocida en la historia de México, por referencia a los 60.000 pesos reclamados por un pastelero francés de Tacubaya, con el nombre de la *Guerra de los Pasteles.*

* Mucho alarmó al pueblo mexicano la presencia en el puerto de Veracruz del coronel Bernard E. Bee, agente de los colonos texanos (era la mañana del 8 de mayo), a bordo de un buque de guerra de los Estados Unidos, *Woodbury,* que venía con el objetivo concreto de solicitar el reconocimiento de Texas.

* Victoriano se negó a admitirle (y por supuesto a recibirle) como portavoz de aquellas ofensivas pretensiones y, considerándolas del todo inadmisibles, dio orden de que volviera a embarcarse, como lo había hecho con anterioridad Baudin a bordo de un navío de guerra francés.

* Guadalupe Victoria se retiró de toda actividad política en 1839 para regresar, con carácter irrevocable, a su vida privada. Como ya se ha dicho en varias ocasiones a lo largo de esta biografía, el ex presidente murió el año 1843, en el castillo de Perote, como consecuencia de la epilepsia que venía padeciendo desde tiempo atrás y que, últimamente, se había agravado de manera considerable. Como hemos apuntado también y en función de la leyenda que suele tejerse en torno de los personajes históricos importantes, hay una versión que apunta hacia el hecho de que Victoria abrazó la vida monástica integrándose como lego en el convento carmelita de El Desierto, en Tenancingo, siendo en este lugar donde se produjo el traspaso.

Discurso del general don Guadalupe Victoria
al jurar frente al Congreso como presidente de México

10 de octubre de 1824

Señor:

Un respeto santo y religioso a la voluntad de mis ciudadanos me acerca en este día al santuario de las leyes y, sobrecogido de temor, vacilo por los beneficios de mi patria, por las obligaciones de su bondad sin límites y por la tremenda consideración de que es llamado el último de los mexicanos al primero y más importante de los cargos públicos de una nación grande, ilustrada y poderosa.

Mis ojos, que afortunadamente alcanzaron a ver la libertad, la redención y la completa ventura de la patria, se fijaron tiempo había en los ilustres ciudadanos que con su sangre, sus talentos y fatigas rompieron la cadena de tres siglos y han dado existencia a un pueblo heroico, dejando a la posterioridad su gloria, su nombre y sus ejemplos. Entre otros aparecían genios bienhechores, que corrieron la senda de la virtud y que, si fueron siempre objeto de mi veneración y de mi ternura, yo los creía destinados por la justicia y por la gratitud a presidir los negocios y la suerte de la República. Distante de menoscabar la reputación de estos héroes, cuyos eminentes servicios les aseguraron el amor de su país, he admirado sus dotes, sus luces para la administración y sus señalados merecimientos.

Con la docilidad que he escuchado hasta aquí la voz de la ley, emitida por los funcionarios de la nación libre, me preparaba a sufrir aun la muerte misma en sostén y obedecimiento del virtuoso mexicano designado por los votos y corazones. Si es grata la memoria de la constancia inalterable con que sostuve siempre la dignidad nacional y la de mis pequeños sacrificios en obsequio de la causa más santa de las causas, yo quise y éste fue siempre el más ardiente de mis deseos, que la suprema autoridad, la firme adhesión a los principios y la más absoluta diferencia a la voluntad general marcasen mi carácter y mi fe política.

Una ciega obediencia, que sólo se mide por el tamaño de mis compromisos, me ha decidido a admitir un puesto que la ley prohíbe rehusar. A manos más ejercitadas debió confiarse el sagrado de-

Anónimo, siglo XIX: *Guadalupe Victoria*. Óleo sobre tela. Museo Regional Michoacano.

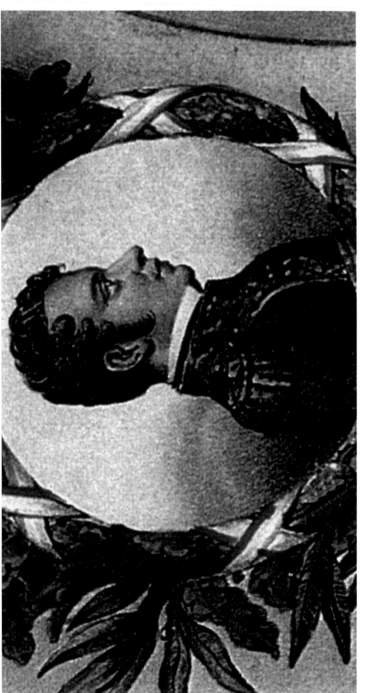

Anónimo: *Agustín de Iturbide y sus ilustres contemporáneos*, detalle. *Guadalupe Victoria*. Litografía, 54 × 56 cm. Colección particular.

Claudio Linati: *Le general Guadalupe Victoria president de la Republiquer Mexicaine*, en *Trajes civiles, militares y religiosos de México*, 1828. Litografía acuarelada.

Anónimo: *Guadalupe Victoria*. Óleo sobre tela 99 × 64 cm. Museo Nacional de las Intervenciones.

El Exmo. Ciudadano Grãl y actual miembro del Poder eje
cutivo, Guadalupe Victoria. Nacio hombre libre, y tanto
que habiendo quedado solo y sin recurso, casi estinguida la
insurreccion, prefirio vivir entre las fieras, antes qᵉ sucumbir a l'
tiranos de la Patria.

L. 8.

Guadapule Victoria, en José Joaquín Fernández de Lizardi, *Calendario Histórico y pronóstico político, 1824.* Aguafuerte.

D.ⁿ GUADALUPE VICTORIA. (FÉLIX FERNANDEZ) Primer Presidente constitucional. Nació en Durango en 1786, y murió en Perote. Estado de Veracruz, en 21 de Marzo de 1843.

Lit. de la V. de Murguía é hijos.

Guadalupe Victoria, en Manuel Rivera, *Los Gobernantes de México, 1873.*

Anónimo: *Guadalupe Victoria, ca. 1825.* Óleo sobre tela. 195 × 105 cm.
Museo Nacional de Historia, INAH.

Juan O'Gorman: *Mural de la Historia de México*, detalle. Castillo de Chapultepec. INAH.

pósito del poder y ellas hubieran consumado la obra grande e inmortal de vuestra sabiduría. Cosa tan inexpicable como lo es mi reconocimiento a los Estados Unidos de México me ha ocupado desde la hora de sorpresa en que se me anunció que por el espontáneo sufragio de mis compatriotas se colocaba en mis débiles hombros el grave peso de la Administración pública. En tan terrible conflicto yo he invocado la protección del eterno y soberano dispensador de las luces y de todos los bienes para que derramase sus dones sobre el gran pueblo que me honró con su confianza y me conduzca por los caminos de la justicia y de su engrandecimiento.

Padres de la patria, depositarios del favor del pueblo:

Vosotros sois testigos de los sentimientos que me animan en vuestra respetable presencia; el juramento que hoy pronuncian mis labios, repetirá siempre ante Dios, ante los hombres y la posteridad.

Empero no omitiré recordar, a la benévola consideración de todos mis compatriotas, que la nave del Estado ha de surcar un mar tempestuoso y difícil; que la vigilancia y las fuerzas del piloto no alcanzaran a contener el ímpetu de los vientos; que existen averías en el casco y el norte es desconocido. Peligros no faltan, complicadas son las circunstancias y sólo el poder del regulador de los destinos; la ciencia previsión de los representantes del pueblo conducirá esta nave al puerto de la felicidad.

La gran Carta Constitucional, áncora de nuestras esperanzas, define los poderes y previene los auxilios del Gobierno. A las luces del Soberano Congreso Constituyente Mexicano, a la alta política de la Cámara de Representantes y del Senado, al tino y cordura de los Honorables Congresos de los Estados, de sus ilustrados gobiernos y de todas las autoridades se atribuirán con fundamento los aciertos de la Administración que comienza en este día.

Por lo que a mí me toca, respetaré siempre los deberes y haré cumplir las obligaciones. Nuestra religión santa no vestirá los ropajes enlutados de la superstición, ni será atacada por la licencia. La independencia se afianzará con mi sangre y la libertad se perderá con mi vida. La unión entre los ciudadanos y habitantes todos de la República será firme e inalterable, como las garantías sociales; las personas, las propiedades serán sagradas y la confianza pública se establecerá. La forma de Gobierno Federal, adoptada por la nación, habrá de sostenerse con todo nuestro territorio; será su apoyo la libertad de prensa. La organización del Ejército, su disciplina, la consideración a los soldados de la patria, estos objetos interesantes como la independencia, lo serán de mis trabajos y de mis desvelos. El pabellón mexicano flotará sobre los mares y cubrirá nuestras costas. Las relaciones de paz, alianza y amistad con las naciones extranjeras se activarán en toda la extensión que demanda nuestra existencia política y el buen nombre de los Estados Mexicanos. No dejará de cultivarse una sola semilla de grandeza y prosperidad.

Por último, ciudadanos representantes: mi limitación e inexperiencia habrán de producir errores y desaciertos que nunca, nunca, serán efecto de la voluntad. Yo imploro, pues, vuestra indulgencia.

Éstos son, Señor, los votos de mi corazón: éstos mis principios. ¡Perezca mil veces si mis promesas fueran desmentidas o burlada la esperanza de la patria!

GABINETE DEL GENERAL GUADALUPE VICTORIA

RELACIONES EXTERIORES

10 de octubre de 1824	D. Juan Guzmán, O. M.	11 de enero de 1825
12 de enero de 1825	D. Lucas Alamán	26 de septiembre de 1825
27 de septiembre de 1825	D. Manuel Gómez Pedraza	2 de noviembre de 1825
3 de noviembre de 1825	D. Sebastián Camacho	5 de julio de 1826
6 de julio de 1826	D. Juan J. Espinosa de los Monteros, O.M.E.	7 de marzo de 1828
8 de marzo de 1828	D. Juan de Dios Cañedo	25 de enero de 1829
26 de enero de 1829	D. José M.ª de Bocanegra	1 de abril de 1829

JUSTICIA

10 de octubre de 1824	D. Pablo de la Llave	29 de noviembre de 1825
30 de noviembre de 1825	D. Miguel Ramos Arizpe	7 de marzo de 1828
8 de marzo de 1828	D. Juan José Espinosa de los Monteros	31 de marzo de 1829

GUERRA Y MARINA

10 de octubre de 1824	D. Manuel de Mier y Terán	18 de diciembre de 1824
19 de diciembre de 1824	D. José Castro, O. M.	7 de enero de 1825
8 de enero de 1825	D. Manuel Gómez Pedraza	7 de junio de 1825
8 de junio de 1825	D. José Ignacio Esteva	14 de julio de 1825
15 de julio de 1825	D. Manuel Gómez Pedraza	9 de febrero de 1827
10 de febrero dc 1827	D. Manuel Rincón	3 de marzo de 1827
4 de marzo de 1827	D. Manuel Gómez Pedraza	3 de diciembre de 1828
4 de diciembre de 1828	D. José Castro, O. M.	7 de diciembre de 1828
8 de diciembre de 1828	D. Vicente Guerrero	25 de diciembre de 1828
26 de diciembre de 1828	D. Francisco Moctezuma	1 de abril de 1829

HACIENDA

10 de octubre de 1824	D. José Ignacio Esteva	26 de septiempre de 1825
27 de septiembre de 1825	D. Pablo de la Llave	27 de noviembre de 1825
28 de noviembre de 1825	D. José Ignacio Esteva	4 de marzo de 1827
5 de marzo de 1827	D. Tomás Salgado	1 de noviembre de 1827
2 de noviembre de 1827	D. Francisco García	15 de febrero de 1828
16 de febrero de 1828	D. José Ignacio Pavón	7 de marzo de 1828
8 de marzo de 1828	D. José Ignacio Esteve	12 de enero de 1829
13 de enero de 1829	D. Bernardo González Angulo	1 de abril de 1829

Palabras del general Guadalupe Victoria
al clausurar el período de sesiones del Congreso Constituyente

24 de diciembre de 1824

En obedecimiento de la ley que me manda concurrir, por la calidad de presidente de los Estados Unidos Mexicanos, al acto importante en que deben cerrarse las sesiones del Congreso Constituyente de la Federación, he venido a declarar sinceramente que, para mí y para el digno pueblo mexicano, Vuestra Soberanía ha fijado irrevocablemente el honor y los destinos de la patria.

Si recordamos, señor, aquellos aciagos días en que el choque de las opiniones y el espíritu de partido habían aflojado los lazos de la fraternidad y de la armonía; aquellos días de tinieblas y oscuridad en que el sol se puso bajo el horizonte y se alejaban nuestras esperanzas a términos indefinidos, confesaremos y confesarán los enemigos más obstinados de nuestras glorias, que la escogida porción de ciudadanos, a cuyo lado me acabo de sentar con tanta satisfacción mía, nos ha salvado del fondo del abismo adonde se nos condujo por los incansables perseguidores de la felicidad americana.

En efecto, señor, que los menos avisados políticos, esos hombres que por la ligera observación de los sucesos ejercen el monopolio de la crítica, extraviaron sus cálculos por apariencias dudosas y fallaron que la anarquía nos iba conduciendo gradualmente a la ruina de las libertades y la caída de la independencia misma, que estimaban incierta y precaria.

La historia de las revoluciones acaecidas en todas las partes del globo, en diverso tiempo, pudo convencerles de que los fenómenos se reproducen en ellas sin cesar y de que el entusiasmo por las reformas radicales, cuando se liga con las fibras del corazón, es fecundo en prodigios y emplea útilmente hasta los recursos que no alcanzó la prudencia humana. Bastaría, para equivocar los juicios y no despertar del éxito, el conocimiento del carácter nacional y de tantos heroicos ejemplos de constancia y de civismo que ilustran los fastos de México. Ellos, por el análisis detenido de las circunstancias que han marcado en nuestra lucha, abandonarían sus principios esencialmente falsos si el orgullo y los errores de los pretendidos maestros les dejase volver sobre sus pasos y pagar un solo tributo de justicia y de admiración a las virtudes y la energía de un pueblo grande.

Uno de los medios más poderosos y eficaces de que se valieron nuestros detractores para alejar el momento en que, sistemado el orden, asegurada la paz interior y conformes los ánimos en sostener la unión como la principal columna del edificio social, se hallase esta nación en el caso de aparecer con dignidad, fue sin duda el de suponer en los mexicanos una tendencia irresistible a los túmulos y a las insurrecciones. ¿Y para qué? Es sabido que, por este malicioso arbitrio que se fomenta sobre nosotros, concebiría la idea de que los facciosos y los perturbadores disponían a su antojo de los intereses y de la suerte de los mexicanos.

Nada más fatal para la consolidación de la independencia y libertad de que gozamos que el convencimiento de que pertenecíamos a aquellos pueblos envilecidos, que, en expresión del creador de la ciencia del gobierno, se dejan amotinar por partidarios, se atreven a hablar de libertad, sin tener aún ideas de ellas con el corazón lleno de todos los vicios de los esclavos; se imaginan que para ser libres es suficiente el estar amotinados.

Yo concedo francamente, a los que pretenden ahogarnos en las olas de una demagogia turbulenta y desorganizadora, que señalaron con destreza y oportunidad el punto más débil de defensa y que, cuando se vacilaba en la adopción de forma de gobierno, existía alguna predisposición para ensangrentar las opiniones, robustecer los celos y los odios y dilacerar nuestra fraternal benevolencia.

El fanatismo y la intolerancia política, esas hidras que tanto multiplican sus cabezas, vinieron al apoyo de los malvados y las mutuas recriminaciones turbaron la paz de las familias. El puñal de la venganza traspasó los corazones y se vio con sentimiento de los buenos, que algunos de los mexicanos sirvieron a las detestables maquinaciones de los comunes enemigos.

En estas difíciles y complicadas circunstancias, los pueblos, usando del instinto que les llama su felicidad, remitieron a Vuestra Soberanía sus deseos y sus querellas y le impusieron el sagrado cargo de afianzar nuestra mudanza política con una constitución, liberal en sus principios, exacta en la distribución de los poderes, que combinasen la seguridad de las libertades con la energía y previniese hasta los medios de corregir y enmendar sus propios defectos, en el caso remoto de contener algunos.

La nación mexicana, agitada por la consideración de sus peligros y por los temores de perder en un día los sacrificios de muchos años, convocó a sus hijos predilectos y en sus manos puso los remedios de los males presentes y los elementos de nuestra futura grandeza. Gloria sea el Soberano Congreso Constituyente de la Nación Mexicana, que en nuestros desgraciados disturbios desvaneció las razones de todos los partidos y formó de ellos mismos el espíritu nacional.

Yo tomo en las manos y acerco a mi pecho el acta constitutiva de nuestro pueblo y venero en ella la expresión de la sabiduría y de la voluntad nacional. Ceda, señor, en alabanza vuestra y repitan cien generaciones: ¡Con cuánta satisfacción observarán los amigos de México el grandioso espectáculo que ha ofrecido a los tiempos, pasando sin trastorno mi violencia a la suma libertad desde el fango de la esclavitud! Vengados estamos del degradante concepto con que se nos vilipendió en Europa y ella, que por miles de años nos precede en la carrera de la civilización, envidiará nuestros progresos y las felices aplicaciones de la política a la verdadera legitimidad de los gobiernos.

Restaba, señor, para el complemento de la obra que en 31 de enero de 1824 lisonjeó todas nuestras esperanzas, que recibiéramos de vuestra mano la Gran Carta en que, consignados los derechos y las obligaciones, se manifestase el respeto más profundo a los principios.

Así es, señor, que el artículo fundamental que declara la perpetua independencia de la nación mexicana será el consuelo de la posteridad, como es la divisa grabada en nuestros corazones y sellada antes de ahora por la sangre de millares de víctimas.

La benigna religión de Jesús, la creencia que le damos con ternura y sustentamos con ardor, va a ser, como fue siempre, el apoyo más firme de la moral, de la obediencia y de todas las relaciones dulces y estimables. ¡Que jamás se tome del altar la espada santa para degollar sin misericordia a nuestros hermanos! ¡Que no rasgue la licencia el velo que corrieron dieciocho siglos sobre las verdades de la fe!

Los pueblos, señor, cuyas costumbres son diversas a la par de los climas que habitan, de la naturaleza de los terrenos, del estado de los espíritus, de la población y de los hábitos, no pueden ser regidos por unas mismas leyes; puestos a grandes distancias del asiento del poder, no son atendidas las necesidades del momento y su débil voz llamaría apenas la atención de un Congreso dedicado a organizar un gran todo y darle existencia. Vuestra sabiduría adoptó una forma de gobierno que, revistiendo los poderes generales de la energía necesaria para el desempeño de las arduas atribuciones de su cargo, deja a los estados la facultad de decir libre e independientemente sobre aquellos intereses que, tocando a su administración y gobierno interior, no dicen relación alguna con los de la Federación Mexicana.

Una dolorosa y constante experiencia ha hecho conocer a los pueblos que la reunión de poderes en una sola mano dista poco a nada de la arbitrariedad y que sus libertades no dejarán de ser precarias hasta que, instituciones fundadas en la Soberanía Nacional, fijen su atención, señalen sus límites y demarquen su naturaleza respectiva. Un Congreso de elegidos del pueblo decidirá soberanamente sobre sus intereses; el Poder Ejecutivo, revestido de la firmeza y energía necesarias, hará cumplir unas leyes dictadas por el bien de los pueblos mismos, y el Poder Judicial, obrando con total independencia de los otros, fallará con la balanza de Astrea en la mano, sobre las acciones de los ciudadanos.

No es bastante haber depositado en manos distintas el querer y el ejecutar; es necesario todavía garantizar a la nación el buen uso de estos poderes. La prudencia de Vuestra Soberanía, establecida la división del Congreso en dos cámaras, ha salvado a la nación de los peligros a que podían exponerla el acaloramiento, la superchería de un sofista y la elocuencia conquistadora de los aplausos haciendo del poder una justa y legal responsabilidad, asegura a los mexicanos de los embates de las pasiones.

Mas lo que concilió a Vuestra Soberanía el reconocimiento de la generación presente es haber estampado en la ley fundamental las admirables bases de la administración de justicia, esas fórmulas protectoras de la inocencia. La infamia de un delito no recaerá si no sobre el que lo cometa. Una esposa y unos hijos de los desaciertos de un padre o de un esposo delincuente; los dolores y angustias del tormento no arrancarán de la boca de la inocencia confesiones de delitos o no cometidos ni pondrán a prueba el valor y sufrimiento de los criminales. No resonarán y las acciones de los ciudadanos serán sólo calificadas por sus jueces naturales y en virtud de leyes dadas con anterioridad al hecho.

Pero el mejor, el verdadero, el más expresivo elogio del libro inmortal, del sistema, razonando que ha organizado nuestra sociedad y es también su principio conservador, me atrevo a decir que debe buscarse en el entusiasmo con que lo han acogido los pueblos. Ellos, calculadores de su conveniencia, desprecian las viles, las miserables arterías de que se valen algunos para anunciar funestos trastornos y la necesidad de revoluciones: Por la honradez de que blasono y por el respeto que en toda mi vida pública tributé siempre a la voluntad de la Nación Soberana, protesto, señor, a la presencia de sus legítimos mandatarios, que esas páginas sagradas fuesen y con todo el poder que las leyes depositaron en mis manos.

A nuestros ojos aparecen los felices resultados que ha producido la ley fundamental. Compárense tiempos con tiempos y las lágrimas de gozo y las bendiciones de todos los que sienten con vivo anhelo las dichas de su patria reducirán a su justa infamia las críticas abominables de los enemigos de la libertad y de la razón.

He dicho, señor; e identificando mis votos con los de todos mis compatriotas, los dirijo al cielo para que conserve siempre inviolable el sagrado depósito de libre constitución que nos habéis dado y os procure la gloria de recomendarlo al aplauso y a la admiración de todas las naciones.

PARÉNTESIS

— HABLA EL AUTOR DE ESTA OBRA —

NO es frecuente, a buen seguro porque no entra a formar parte de mi estilo, que, aun habiendo asumido la paternidad literaria de un trabajo —paternidad y responsabilidad al mismo tiempo, es obvio— intervenga en él con carácter directo tomando carta de naturaleza y presencia en el desarrollo de la línea argumental o planteamiento (aunque no niego que lo haya hecho alguna que otra vez, pero casi siempre de forma esporádica y forzado por las circunstancias) de la obra en cuestión.

Y no es frecuente porque, a lo largo de mis cuarenta años de profesional, he procurado en todo instante estar al margen de personalismos y absurdas vanidades que, por otra parte, flaco favor le hacen al autor consciente de la realidad de su cometido. Y sigue sin ser frecuente, hoy, en la actualidad, porque, como se dice por ahí, la veteranía y la experiencia suman un grado cada una de ellas.

No obstante y visto que toda regla, para estar confirmada como tal, precisa, por lo menos, una excepción, también las ha habido en mi trayectoria literaria, y el presente volumen va a tener que admitir una de esas excepciones. Y ustedes, los lectores, también.

He manifestado en varias secuencias precedentes a este paréntesis las dificultades que se nos han planteado a la hora de compendiar la biografía de Guadalupe Victoria, por la *tacañería* (permítaseme esta expresión, quizá poco ortodoxa, pero terriblemente gráfica) de las fuentes documentales consultadas, siempre fragmentadas e inconcretas, y matizado así mismo que estamos trabajando a base de concatenar con total voluntad de servicio y la máxima fiabilidad histórica la tarea encomendada..., a base de concatenar, decía, algo que podía definirse en sesgo metafórico como *retales informativos,* lo que nos obliga, se ha puntualizado también en su momento, a insistir en el hecho de que coordinamos la puesta a punto de una biografía ciertamente muy *sui géneris.*

Cuando hace pocas fechas visité el Consulado General de México en Barcelona —ya he comentado esta visita anteriormente con amplitud—, vistos los escasos efectivos documentales que poseía el citado organismo, le pregunté al señor cónsul, en el transcurso de nuestro diálogo:

—Allá, en su tierra, ¿son conscientes de quién era Guadalupe Victoria, de la importancia histórica del primer presidente de la República Constitucional de México?

Me obsequió con una de esas cálidas sonrisas que suelen prodigar los latinoamericanos mi impecable interlocutor, cuyo rasurado facial tan perfecto, me estaba creando problemas de conciencia y complejos de culpabilidad, dado el escaso interés que yo le presto al afeitado e incluso, a veces, al correcto estado de revista de mi impedimenta. Anárquico que es uno y conservador que es el señor cónsul.

—*¡Por supuesto, por supuesto, amigo! ¡Todos somos conscientes de quién era y de la importancia histórica de don* Guadalupe! *Lo que ocurre es... ¡es que se trató de un período tan breve!...*

Cierto, muy breve.

Pero yo no podía telefonear a mi editor y explicarle que la brevedad presidencial de Victoria y la *no existencia* siquiera de testimonios *breves* iban a convertir este trabajo en una revista más o menos histórica, con portada a todo color (eso vende), pero nunca en un libro.

No. No podía decírselo.

En consecuencia, el desafío estaba servido y teníamos que enfrentarnos a él.

En eso andamos, y de ahí la razón de este paréntesis.

Recuerdo, porque el hecho aún sigue fresco en el desván de mi memoria, que hace algunos meses, uno de mis editores, me encomendó la redacción de una sinopsis biográfica de Gustave Flaubert (11), que abriría un volumen en el que se insertaban dos de las más conocidas obras de este insigne y conocido autor. Pues

---

(11) Novelista francés (Ruán, 1821-Croisset, cerca de Ruán, 1880). Flaubert nació en el hospital de Ruán, donde su padre era cirujano jefe. En 1831 ingresó como pensionista en un colegio de su ciudad natal, del que fue expulsado antes de finalizar sus estudios. En esa etapa conoció a los grandes escritores románticos y compuso sus primeras obras: varios cuentos, un drama histórico y una autobiografía, las *Mémories d'un fou (Memorias de un loco)*, escritas en 1838. En esta obra cuenta Flaubert su encuentro, en 1836, con Elisa, amante y luego esposa del crítico musical Maurice Schélsinger, conocido de su padre. La imagen de esta mujer estaría siempre presente en el pensamiento de Flaubert. Al terminar el bachillerato, sus padres le premiaron con un viaje por el sur de Francia y Córcega, donde tuvo lugar su primer contacto con la luminosidad meridional que tanto iba a influir en su obra. Más tarde conoció a la poetisa Louise Colet, que sería su amante desde 1846 hasta 1855, salvo el período 1848-1851, en que estuvieron separados por discrepancias en cuanto al modo de entender la vida: Colet era una romántica idealista, cuando Gustave había dejado ya de serlo; las relaciones con su amante, a menudo dolorosas, fueron de gran provecho para Flaubert: prueba de ello es la copiosa correspondencia que mantuvo con Louise. Después de un viaje a Bretaña en compañía de su amigo Maxime du Camp, en 1847, Flaubert se puso a escribir la gran obra que meditaba desde hacía años: *La tentaion de saint Antoine* (que no se publicaría hasta 1874, considerablemente retocada). En octubre de 1849, Gustave y Maxime emprendieron un largo periplo que les llevó a Egipto, Palestina, Líbano, Siria, Constantinopla, Grecia e Italia, no regresando a Francia hasta 1851. Este viaje fue una etapa importante en la vida de Flaubert, porque se encontró de nuevo con el sol del mediodía y el querido Mediterráneo, y porque se puso en contacto con las civilizaciones orientales, que le impresionaron notablemente. De nuevo en su país, ambos se reintegraron a sus tareas. Du Camp se lanzó al mundo periodístico, llegando a ser director de *La revue de Paris;* Flaubert estuvo dudando en volver a *La tentation de saint Antoine* o desarrollar alguno de los temas que se le habían ocurrido durante el viaje. Un hecho real le decidió por *Madame Bovary;* con todo, no hay que ver en la novela la plasmación de un *fragmento de su vida*, según la expresión de los naturalistas. Los críticos y lectores de *Madame Bovary* la juzgaron de modo muy distinto, llegando incluso a ser reo de inmoralidad, celebrándose un juicio en 1857, del que salió airoso y aun beneficiado por el escándalo. Nunca su sátira de la sociedad burguesa fue tan violenta y áspera como en *Madame Bovary;* tal vez la causa del éxito tan duradero de la novela residió en la

bien, pese al prestigio y a la contrastada calidad literaria del maestro francés, no fui capaz (o no supe acudir a las fuentes oportunas) de reunir más que un escueto núcleo documental acerca del perso-

---

alianza de la emoción y de la sátira, de la tragedia de un alma y de la farsa burguesa. Tras su ruptura con Louise y el éxito de *Madame Bovary,* Flaubert decidió pasar parte del año en París, frecuentando los salones elegantes, en especial el de la princesa Mathilde; las tertulias literarias, las veladas con actrices, etc. Gustave había pensado escribir (otra de sus obras emblemáticas) *Salambô* con sus recuerdos de Oriente y sus profundas lecturas en la biblioteca; en el momento de iniciar el redactado, al abordar la gran descripción de Cartago que abre la novela, se dio cuenta de que, si bien podía recrear los personajes, le era de todo punto imposible imaginar el paisaje, tomando por ello y por última vez en su vida el camino del Mediterráneo, permaneciendo tres meses en Argelia y Túnez (abril a junio de 1858). Tras haber resucitado Cartago, buscó otros temas, decidiéndose por escribir una novela de costumbres contemporáneas, *L'education sentimentale* (1869). La correspondencia mantenida entre Flaubert y George Sand (seudónimo éste de Aurore Dupin) ayuda a conocer la génesis de la obra. Frente al idealismo reformador y al romanticismo de Sand, Flaubert piensa que la literatura debe ser científica e impersonal, lo que no implica que el artista deba permanecer alejado del destino de sus héroes, sino que permanezca fiel a la verdad que quiere reproducir. En *L'education sentimentale* presenta Gustave el balance negativo a toda una generación, la que no supo aprovechar la revolución de 1848, la que dejó que se consolidara el Segundo Imperio. Los dos héroes de la novela son un par de fracasados, que no han alcanzado lo que se habían propuesto: uno, el amor; el otro, el poder. Magnífico análisis del amor, la novela tuvo escaso éxito en su momento por no representar los elementos técnicos que se exigían a tal tipo de producción literaria: una intriga, con un comienzo, un nudo y un desenlace. La muerte de varios seres queridos —su madre y sus amigos Louis Bouilhet, Jules de Goncourt, Maurice Schlésinger— ensombreció los siguientes años de su vida. En 1874 compuso una segunda versión de *La tentation de saint Antoine,* en la que aparece un nuevo personaje, *Hilarion,* personificación de la ciencia. Esta versión no concluye con la risa del diablo, sino con una evocación de la célula biológica, principio de la vida, que deja un resquicio de esperanza. El mismo año, 1874, significó uno de los pocos fracasos en la carrera literaria de Gustave Flaubert; su comedia política *Le candidat (El candidato)* fue silbada estrepitosamente. Para rehacer su imagen, y sin meterse todavía en la gran novela que tenía en proyecto y que iba a ser *Bouvard et Pécuchet,* volvió a un género que no cultivaba desde hacía tiempo, el cuento. En 1877 aparecieron sus *Trois contes (Tres cuentos),* conjunto de relatos de muy diverso signo. La última obra de Flaubert, que no llegó a ver publicada, fue la novela que tenía en preparación desde mucho tiempo atrás: *Bouvard et Pécuchet.* En naje. Comentando mi frustrante impotencia profesional con un veterano colega, me dijo éste que no me preocupara, ya que, lo más valioso y significativo de la vida de Flaubert era su *correspondencia*, a la que sí tendría acceso sin grandes dificultades. Él mismo me facilitó unos textos de André Gide y Mario Vargas Llosa, referidos a la correspondencia de Flaubert. El primero, muy breve, decía así: *La correspondencia de Flaubert constituye un documento imprescindible, un pequeño tesoro literario. Es su mejor obra.* El comentario del escritor peruano, más extenso, se expresaba en estos términos: *Aparte del interés que tiene seguir paso a paso una vida humana tan difícil y áspera, y lo interesante que resulta para el adicto flaubertiano rehacer de mano del propio autor la homérica gestación de sus obras, conocer de cerca sus lecturas, odios, frustraciones, tener la sensación de que, rompiendo el tiempo y el espacio, haber penetrado en el círculo de íntimos, los testigos de su vida* —Maxime, Bouilhet, Louise, George Sand, Caroline—, *creo que la* correspondencia de Flaubert *constituye el mejor amigo para una vocación literaria que se inicia, el ejemplo más provechoso con que puede contar un escritor joven en el destino que ha elegido.* Pues bien, tras leer ambos textos y siguiendo los consejos del ilustrado compañero, ofrecí unos datos del nutrido cuaderno epistolar de mi biografiado. También recuerdo que antepuse a los fragmentos seleccionados, de la susodicha *correspondencia*, este texto:

---

este volumen quiso Gustave describir la gran tentación del siglo XIX, la ciencia y los peligros que entraña para los que quieren iniciarse en ella sin haber tenido una preparación anterior y adecuada. La obra de Gustave Flaubert fue situada por sus contemporáneos en la categoría de realista, a pesar de sus esfuerzos para poner de manifiesto la enorme diferencia que separaba su búsqueda de la belleza de los *trozos de vida* de Champfleury, Durany y los naturalistas. Independiente hasta la médula, nunca quiso aceptar la jefatura de una escuela que le atribuía la crítica. Sólo su ahijado, Guy de Maupassant, puede considerarse discípulo suyo y, en todo caso, solamente por algunas de sus obras. En su reacción contra el realismo y el naturalismo, los escritores y críticos del principios del siglo XX atacaron la obra de Flaubert; sólo Marcel Proust pareció percatarse de su valor. En la actualidad el *nouveau roman* ve en él un precursor. Flaubert es, ante todo, un gran artista, uno de los mejores estilistas franceses. Su ávida búsqueda de la verdad estuvo siempre subordinada a su apasionada indagación de la belleza.

No es necesario que este modesto prologuista se devane ni estruje las meninges para trasladar al lector con palabras convincentes la capital importancia de la correspondencia de Flaubert, *cuando plumas tan eminentes y mundialmente consideradas como las de* André Gide *y* Mario Vargas Llosa *se han «quitado el sombrero»* —hipotéticamente hablando— *para saludar esos textos de nuestro autor...*

Resulta curioso que antes de que se produjera esta anécdota profesional que he comentado, me encontré en situación parecida cuando otro de mis editores me habló, también, de prologar de manera biográfica una obra en la que se incluirían varios relatos cortos del poeta *Gibran Khalil Gibran* (12). Y esta vez, fue el propio editor,

---

(12) Nació en Becharre, Líbano, el 6 de enero de 1883, en el seno de una familia de antigua raíz cristiana. Fue a la escuela de su aldea como el resto de niños de su edad, aprendiendo arábigo, sirio, el catecismo y los salmos de Davida, que conocía de memoria. Le gustaban las tempestades y las tormentas, y a menudo solía recluirse en su habitación para admirar las pinturas de Leonardo da Vinci durante horas. En 1896, al deteriorarse la situación económica en el Líbano, los Gibran se encaminaron hacia el Nuevo Mundo en busca de trabajo, junto con miles de compatriotas. Khalil fue a Boston con su madre, su hermanastro Pedro y sus hermanas menores. En Hudson Street, cerca del *Barrio Chino* de Boston, el ambicioso Pedro consiguió trabajo, mientras que su madre y hermanas ganaban su sustento con la aguja de coser; el joven Khalil fue a una escuela privada, junto con jóvenes americanos. Durante la adolescencia cayó en las redes de una hembra malvada que deterioró su vida normal, y su madre, consciente de lo que sucedía, insistió en enviarlo al Líbano con la excusa de que perfeccionara el arábigo y aprendiera correctamente francés en una escuela de Beirut. En 1896 regresó al Líbano, estudiando Medicina, Derecho Internacional, Historia de las Religiones y Música, matriculándose en la célebre Escuela de la Sabiduría de Beirut. También editó una revista llamada *Al Haqiqat (La Verdad)*, y a sus dieciséis años a Gibran le publicaron por primera vez. También pintó retratos de varios poetas preislámicos, tales como Al Farid, Abu N'was y Al Mutanabbi. En 1903 regresó a Estados Unidos a causa de la muerte de su hermanastro y de su hermana mayor y por la fatídica enfermedad que aquejaba a su madre. Por azar conoció y trabó amistad con Mary Askel, quien se convirtió en su benefactora. En 1908 fue a París para estudiar en la Academia Julien y en el Beaux Arts. Regresó a Boston en 1910, para fijar posteriormente su residencia en Nueva York, ciudad en la que Gibran desarrollaría lo medular de su obra. Entre 1911 y 1917 monta tres exposiciones, dos en Nueva York y una en Boston, recibiendo las que presentó en las galerías Montross de la

quien me sugirió que incluyera en dicho prólogo algunos fragmentos de la prolífica *correspondencia* del libanés. Y como posteriormente con Flaubert, hice lo propio en este caso, encabezando la presentación con el siguiente redactado: *Es muy posible y hasta más que probable que la mejor forma de autodefinición se encuentre en la propia expresividad del artista, pero en esos rasgos íntimos y privados diríamos que lo alejan de lo que es por lo que ha hecho y dejan sólo al hombre tal como ser humano. El juicio a través de la obra puede, a veces, deformar la realidad ocultando trazos innatos que no han sido transcritos a la trayectoria profesional, porque un extraño instinto de conservación trata de preservarlos con la misma tenacidad que la doncella guarda su virtud. Siempre hay algo oculto que sólo aflora cuando tratamos de ser simplemente nosotros mismos. Quizá por ello se nos antoja que la me-*

---

ciudad de los rascacielos un excelente trato por parte de la crítica, llegando los pedidos de retratos, con la consiguiente mejora económica. Como escritor ya era reconocido en el mundo árabe, pero en Occidente sólo lo era como pintor. En 1916 conoció al joven literato y crítico Michel Naimy, quien, junto a Mary Elizabeth, convenció a Khalil para que escribiera en inglés, gracias a cuyos consejos, por él aceptados, la obra literaria de Gibran se difundió rápidamente por el ámbito occidental. A partir de aquí trabajó intensamente, excediéndose en el consumo de café y tabaco, presentándose, en los inicios de 1920, los primeros síntomas de una afección cardíaca, aunque él no estaba dispuesto a detener por nada su ritmo frenético, y continuó trabajando febrilmente, quizá porque presentía un próximo y prematuro desenlace fatal. El 9 de abril de 1931 Gibrán dibujó y escribió como todos los días, pero era tal la debilidad que le aquejaba que la encargada del edificio, al llevarle el desayuno, se inquietó, requiriendo de inmediato la presencia del médico quien, luego de examinar al poeta, aconsejó su inmediato traslado al hospital, recomendación que Gibran se negó rotundamente a aceptar, pasando el resto de la jornada pintando y conversando con su secretaria y amiga Bárbara Young, poetisa y autora de una excelente biografía de Khalil. El 10 de abril, sintiéndose ya muy grave, el poeta aceptó que Bárbara le acompañara hasta el San Vicente's Hospital, donde fallecería aquella misma noche. Después de recibir respetuosas y admiradas honras fúnebres en Norteamérica, sus restos mortales, envueltos en las banderas estadounidense y libanesa, fue trasladado al Líbano a bordo de la nave *Providence,* siendo recibido en Beirut como el más grande libanés de todos los tiempos, y sepultado en el convento de San Sarkees, Becharre, su aldea natal. Todavía en la actualidad la tumba de Gibran Khalil Gibran es visitada en peregrinación.

jor realidad del autorretrato de Gibran *se encuentra, no en sus textos filosóficos, sino en sus escritos llanos y sencillos a aquellas personas a las que amó y con las que convivió: escritos que a renglón seguido vamos a ofrecer fragmentos, en la confección del autorretrato...*

Las explicaciones hasta aquí vertidas, las que anteceden, tienen lógicamente una razón de ser. Ya hemos informado, y creo que de manera reiterada incluso (por lo cual nos disculpamos ante los lectores), sobre los inconvenientes surgidos respecto al tratado biográfico de Guadalupe Victoria. Hallándonos, pues, en tal estado de cosas, decidí, tras consensuarlo con el equipo colaborador que trabaja conmigo (María José Llorens, Socar C. Novoa, Pilar Romaní y Carmen Picanyol), que lo idóneo era servirnos de una metodología parecida a la empleada en su momento con las biografías de Gustave Flaubert y Gibran Khalil Gibran, pese a que los condicionamientos de ahora, los de este caso concreto, no eran exactamente los mismos.

Quiere decirse con esto que no tenemos referencias puntuales de que exista compilación alguna acerca de la correspondencia de don Guadalupe, aunque es obvio que más de una carta debió escribir; mejor dicho, puede intuirse sin grandes esfuerzos intelectuales que, de hecho, estos textos manuscritos fueron una realidad. Pero a lo que sí hemos tenido acceso, merced a los buenos servicios de María José Llorens Camp, la competente documentalista del equipo, ha sido a una serie de manifiestos, discursos de apertura y cierre de las sesiones ordinarias y extraordinarias del Congreso, opiniones puntuales, arengas a sus conciudadanos, etc., pronunciados todos ellos por el presidente Victoria, la mayor parte en el ejercicio y responsabilidad de su cargo.

Tras efectuar una estricta y meticulosa selección, hemos decidido incluir en el próximo capítulo los que consideramos de máximo interés e intensidad, ya sea por su contenido o por el momento y/o circunstancias en que fueron pronunciados. Y lo hacemos con el convencimiento de que dicho compendio oratorio puede ayudarnos a conocer con un elevado índice de fiabilidad el ideario políti-

co y patriótico de nuestro protagonista, e incluso la vertiente sentimental y emotiva de su condición humana (dado que apenas existen referencias sobre su vida familiar, íntima y privada).

Se respetará escrupulosamente la cronología de las alocuciones
del presidente Victoria, procurando así mismo injerir sólo en lo que
sea necesario con respecto al castellano en que fueron pronunciados, o sea, el propio de la época.

Pasemos, pues, al siguiente capítulo.

Capítulo II

— Escuchemos (o mejor leamos) a Guadalupe Victoria —

AÑO 1824

El Supremo Poder Ejecutivo a la nación

5 de octubre de 1824

La República va a ser regida por un presidente, y antes de que se verifique este acontecimiento memorable, queremos dirigirnos a nuestros compatriotas para hablarles por última vez, y dar cuenta por el tiempo de nuestra administración.

Recordando lo pasado, y fijando la vista en el punto de donde hemos partido, de luego a luego se conoce que nuestra situación ha mejorado sensiblemente. No incurriremos en la inconsideración de atribuirnos estos medios y ventajas: hemos tenido buenas intenciones, hemos deseado sincera y vivísimamente la felicidad de la patria, hemos hecho lo posible por conseguirla; pero la favorable posición en que nos hallamos debe atribuirse principalmente a la sensatez y carácter benévolo de la nación, a la entereza y sabiduría de su Congreso, y en ello han tenido una buena parte, ocurrencia y sucesos imprevistos que manifiesta en términos muy ostensibles, que hasta aquí el que rige las sociedades ha favorecido con especialidad a la de Anáhuac.

Recibimos en nuestros brazos a la República recién nacida, pero en un estado verdaderamente lastimoso: exhausto el Erario, el papel moneda perdiendo un setenta y cinco por ciento, el descrédito en lo más alto de su punto, los recursos por lo mismo remotos y difíciles, sin economía ni sistema en la administración del dinero público; el Ejército desnudo, desarmado, desatendido, con aquella plaga de males consiguientes a este estado; nuestra poca fuerza sutil falta de todo, en inacción completa, arruinándose en los fondeaderos aun antes de haberse pagado el valor de su construcción: por otra parte, sin consideración en Europa, sin contacto ni relación oficial con algunas de aquellas naciones, sin pactos ni alianzas con las americanas; en lo interior, además, partidos poderosos y exasperados; las conspiraciones sucediéndose unas a otras por momentos; autoridades de primera categoría obrando de un modo equívoco o contrario; el primer Congreso hostilizado por la opinión con motivo de la convocatoria; parte de las provincias de entonces anticipando un movimiento que debía ser legal, uniforme y simultáneo; en algunos puntos, síntomas bien marcados de una disolución peligrosa; el orden, en fin, escandalosamente trastornado en el asiento mismo del Supremo Poder Ejecutivo; la capital, en poder de una facción, y el Gobierno buscando un asilo en el seno mismo del Congreso: he aquí, compatriotas, el cúmulo de ruinas y de precipicios espantosos por donde hemos venido atravesando en pocos meses hasta el punto en que nos hallamos.

Es preciso reconocer y confesar que este cuadro no es muy lisonjero y satisfactorio; pero la gloria del pueblo mexicano, para confusión de los tiranos que nos acechan, y para aviso de las naciones que sin prevención ni parcialidad observan nuestra marcha, *¿en que país del mundo se ha presentado el desorden de un modo menos cruento, fatal y desastroso? ¿En qué pueblo de la tierra no han tenido consecuencias y resultados funestísimos los fenómenos y mudanzas que en tan corto intervalo se han verificado en el nuestro?* Aun en los memorables 24, 25 y 26 de enero de este año, que tanto han ponderado nuestros enemigos de Europa para desconceptuarnos, *¿corrió acaso alguna sangre? ¡No fueron respetadas las propiedades de los ciudadanos!*

¿No es cierto que aun los desórdenes comunes en las ciudades populosas desaparecieron en aquellas noches? Que cese pues la injusticia y maledicencia de los que desde la otra parte del mar nos calumnian, ya que no pueden devorarnos.

Pero lo que debe desalentar su malignidad y hacerles perder la esperanza de arrojarnos otra vez es la consideración de nuestros progresos, y la vista del contraste que resulta entre lo que éramos dieciocho meses ha, y lo que en el día somos. Nuestro crédito se ha recobrado notablemente, el papel moneda está a la par y casi todo amortizado, el presupuesto civil satisfecho, parte del préstamo para que se había autorizado al Gobierno se contrató, y su complemento se ha estipulado últimamente en términos mucho más ventajosos. Por lo que hace a nuestra defensa, se han tomado medidas oportunas para proporcionarnos un armamento cuantiosísimo, y entre tanto nuestros veteranos están vestidos, armados, restablecida la disciplina y considerablemente rebajado el excedente de oficiales; al mismo tiempo nuestro parque es ya más que suficiente para nuestras atenciones, y la milicia activa se organiza con empeño, de manera que dentro de poco el Ejército de la República, respetable ya por el número y excelencia de la tropa, se pondrá en estado de hacernos vivir en completa seguridad, y sin temer los ataques ni los insultos exteriores. En cuanto a nuestra reciente Marina, se ha pagado el costo de construcción de las fuerzas sutiles que existían y de las que de nuevo han venido; parte de los buques están en continua actividad; sus tripulaciones, manejo y policía, en el pie más ventajoso y, según las providencias que el Gobierno ha dictado últimamente, es de esperar que cuanto antes el pabellón mexicano se tremole y haga respetar en las costas del Atlántico. Por otra parte, el territorio y poder de la República se han aumentado con la agregación de la antes llamada provincia de Chiapa, que, habiéndose pronunciado libremente y con demostraciones extraordinarias de júbilo por nuestra Federación, es ya en el día uno de sus estados; y este acontecimiento fausto y memorable en el orden civil, lo es mucho más en el moral, por la justicia, por el desinterés y dignidad con que se ha conducido este negociado.

Por lo que hace a nuestras relaciones con otras potencias, se han firmado tratados de la más alta importancia con la belicosa República de Colombia; la de los Estados Unidos del Norte, que había reconocido ya nuestra independencia, ha nombrado novísimamente un ministro para que resida cerca de nosotros, y entre tanto sus cónsules se hallan en nuestra capital y en nuestros puertos en pleno ejercicio de las funciones y facultades que les competen. Lo mismo se verifica con los agentes de esta clase del rey de la Gran Bretaña, y por la conducta franca, benévola y amistosa de esta nación para con la mexicana, parece que debemos esperar otro fundamento, el de que dentro de poco la independencia del pueblo de Anáhuac será reconocida por el Gobierno de un país dominador de los mares. Por nuestra parte hemos enviado un ministro con plenipotencia cerca del gobierno de S.M.B., cuyo arribo a Londres acaba de saberse; y según el curso de las cosas, y el orden con que se van presentando los sucesos, es de esperar que el objeto de su misión se cumpla satisfactoriamente. Nuestra legación para los Estados Unidos del Norte se ha puesto ya en marcha para su destino; está también nombrado un ministro que deberá representarnos en la República de Colombia; lo está igualmente el que debe hacer nuestras agencias en Roma para poner en pleno curso los negocios eclesiásticos, y puede ya designarse otro con igual carácter cerca de los Estados Unidos del Centro de América, cuya independencia se ha reconocido en estos días, y cuyo delegado ha presentado solemnemente sus cartas credenciales al Poder Ejecutivo. Aquí quisiéramos, por nuestro bien y el de España misma, poder anunciar que se había entrado siquiera en negociaciones con esta nación; hubo, en efecto, esperanzas en su gobierno anterior de adelantar en esta parte, pero restituido Fernando VII al ejercicio de un poder absoluto, sus decretos relativos a nosotros y sus contestaciones con una potencia que ha querido mediar en este asunto, embarazan por ahora todo medio de conciliación, y sólo prestan margen para esperar de su parte un sistema de hostilidades y malos tratamientos, que ni tememos, ni provocamos.

Y volviendo a nuestro interior, en medio de los apuros y peligros que circundaron al Poder Ejecutivo, su principal objetivo y atención ha sido la instalación del actual Congreso que felizmente pudo reunirse: diose el Acta Constitutiva; la República adquirió tranquila y suavemente la forma federada; desvaneciéronse casi sin estrépito las tempestuosas nubes que se dejaron ver hacia el Oriente y Mediodía; las conspiraciones han sido descubiertas oportunamente o sofocadas al desarrollarse; extinguióse y quedó cegado en el 1 de julio el foco de la guerra civil; la Constitución que debe regir la unión federal se ha concluido y sancionado solemnemente: todo, en fin, ha tomado un aspecto favorable, y la República está ya en aptitud de recibir el impulso para marchar sostenidamente a su engrande-cimiento y elevación.

Por lo que a nosotros hace, que, elevados sin merecerlo al pri-mer puesto de la República, la hemos administrado en tiempos bien rudos y difíciles, nosotros que hemos tenido la suerte de no haber transigido jamás con los enemigos de la patria, que en obsequio de ella hemos estado pasando alternativa y gustosamente del supremo mandato a un estado pasivo de obediencia, y que nunca hemos abu-sado de la plenitud del poder y extraordinarias facultades que el Soberano Congreso nos había confiado, *¿tantos títulos, no nos darán el derecho de reclamar en estos últimos momentos la benevolencia del pueblo mexicano para fijar su atención sobre sus más caros y preciosos intereses?* ¡Compatriotas!, tengamos siempre presente que no puede existir gobierno sin subordinación; que la economía y la virtud son el alma del federal, y que sin unión perderemos infaliblemente la independencia. Unidos, sean cuales fueren las reformas y las modi-ficaciones que las circunstancias puedan inducir entre nosotros, aún podremos ser libres, independientes y felices; pero si desgraciada-mente nos desavenimos, seremos el ludibrio de las naciones, la exe-cración de nuestros hermanos y vecinos, y, lo que más debe hacer-nos estremecer, seremos presa de nuestros antiguos dominadores, que volverán a ligarnos con cadenas más pesadas, que vendrán a in-sultar nuestra desgracia con doble orgullo y malignidad. Así, que ja-más se aparte de nuestra consideración esta imagen: cerremos todas las avenidas a la discordia y prevengamos un caso de tan afrentosa e insoportable humillación. No nos alucinemos; no hay Estado en la federación que pueda permanecer aisladamente y subsistir por sí solo; quien intente tal desorden es el enemigo más pérfido y ominoso de nuestro país, y el resultado sería la desorganización general; de aquí la impotencia y la postración, el término, la ruina y esclavitud: no olvidemos, pues, este principio conservador de la República y de su bienestar; unido el anáhuac todo lo puede, pero no valemos nada, nada somos, la libertad se pierde y la patria desaparece, si malaventuradamente entramos en desconcierto y división.

Aunque no tenemos la gloria de dejar como quisiéramos a la nación consolidada y floreciente, pero tenemos la satisfacción de que se conserva en un estado de energía y de robustez: hasta aquí ha llegado como por sí misma, habiendo sólo de nuestra parte rectitud de intención; mas ahora, reconcentrado el poder y la autoridad, una nueva carrera se abre para su bien, y por ella debe marchar rápidamente hasta el punto que le conviene de engrandecimiento, de prosperidad y esplendor. Al descender, en fin, del alto asiento en que la voluntad de la nación nos había colocado, no nos ocupa otra idea, ni nos agita otro pensamiento que el de la felicidad pública; la suma de inestimable benevolencia con que se nos ha distinguido, nos impone la dulce obligación de ser los primeros y más acendrados patriotas; haremos por llenar este deber, nos emplearemos en servicio y obsequio de la patria sin pararnos en sacrificios, y si se nos deja gozar de la vida privada, procuraremos hacer útil nuestro retiro con ejemplos de respeto y adhesión a la autoridad, de obediencia y sumisión a la ley.

Preparemos, pues, la ventura de las generaciones venideras: que la patria se mejore, se eleve y engrandezca en todos los sentidos y que sean felices nuestros conciudadanos; y que este suelo rico, abundante y delicioso en que vimos la primera luz sea cuanto antes, y entre todos los pueblos, celebrado de unos y temido de los otros, como una tierra de libertad, escuela de costumbres, asilo de los buenos, escollo de la ambición y sepulcro de los tiranos.

México, 5 de octubre de 1824.—*Guadalupe Victoria, presidente.—Nicolás Bravo.—Miguel Domínguez.*

Manifiesto del presidente
de los Estados Unidos Mexicanos
a sus compatriotas

10 de octubre de 1824

Mexicanos: Llamado por vuestros sufragios al alto cargo de presidente de los Estados Unidos Mexicanos, cuando creía llegado el momento de retirarme a gozar en medio de mis conciudadanos del benigno influjo de las leyes, bajo un gobierno libre, adquirido por los heroicos esfuerzos de los valientes hijos de la patria, debo dirigiros la palabra para expresaros mis sentimientos, mis deseos y las ideas que me propongo seguir constantemente como regla invariable de mi conducta.

Inútil sería hablaros de mi incapacidad para desempeñar las obligaciones que me ha impuesto la patria: la malignidad atribuiría a falsa modestia la ingenua confesión de un hombre que, si ha aprendido a desafiar todos los peligros y a arrostrar la muerte con sus horrores, no puede lisonjearse de poseer los conocimientos necesarios para dirigir una nación grande, y mucho menos al tiempo de constituirse y cuando acaba de salir de una revolución prolongada; los partidos aún pueden hacerla vacilar. Sin embargo, os quiero asegurar la pureza de mis intenciones y presentarme a la faz de la nación sin el remordimiento de haber tenido jamás un mal deseo contra su felicidad. Catorce años de una conducta uniforme y constante me dan algún derecho a ser creído sobre este particular.

Los recomendables esfuerzos del Supremo Poder Ejecutivo que acaba de entregarme el mando, la constante actividad con que ha trabajado para consolidar la Administración, el prestigio que debía causar en los pueblos ver el timón de los negocios en manos de hombres tan eficientes por su patriotismo y sus señaladas virtudes, han producido los efectos que admiramos en el estado actual, después de los tristes y turbulentos días que precedieron al tiempo de la tranquilidad.

En estas circunstancias todo parece anunciar orden, abundancia y prosperidad: la Constitución Federal nacida en estos días del seno del Congreso General, viene a dar la última mano al hermoso edificio de la sociedad mexicana. La subordinación y la disciplina del Ejército, la uniforme marcha de los Estados de la Federación, la afluencia de extranjeros en nuestras poblaciones interiores, el movimiento que reciben los diversos géneros de industria de sus brazos laboriosos, la laudable hospitalidad con que son acogidos por los hijos del país, la innumerable concurrencia de sus buques en nuestros puertos de uno y otro mar, el interés que dos grandes potencias toman directamente en la consolidación de nuestras instituciones para dar el ejemplo de reconocimiento de nuestra existencia política, la tendencia de la opinión a mantenerlas y perfeccionarlas, los progresos que se advierten en las primeras fuentes de nuestra riqueza, la masa de luces y conocimientos que diariamente se extiende sobre nuestro horizonte, todo, conciudadanos, debe darnos esperanzas muy lisonjeras de que la nación no retrogradará durante el tiempo de mi administración. Mi alma se llena de inefable placer al contemplar que puedo, de alguna manera, contribuir a dar estabilidad, aumento y permanencia a estos preciosos bienes.

Ved aquí, mexicanos, mis deseos y el objeto a que se dirigirán mis ardientes votos. Al poner en ejecución los medios para conseguir el lleno de mis intenciones, ¡cuántas dificultades se nos presentan! ¡Qué de obstáculos no se oponen a la marcha! El sistema de rentas que todavía no ha comenzado a ponerse en movimiento, la complicación que ofrece la diferencia de su recaudación y destino, el embarazo en que se hallan las autoridades con la novedad de las instituciones, la fuerza de los hábitos y de las preocupaciones que se oponen al curso libre y expedito del sistema, los intereses encontrados en todo género que es necesario allanar, la organización misma social, tan distante de la monstruosa administración española, son otros tantos embarazos que a cada paso se opondrán a la consecución de los santos fines que me propongo, y que venceré si es en mi ayuda vuestro patriotismo y esa constancia heroica que habéis manifestado contra un enemigo obstinado y feroz, hasta conseguir vuestra libertad e independencia.

Si he contraído nuevas obligaciones para con la patria al llamarme el voto público a la cabeza del Gobierno, la nación ha quedado así mismo obligada a prestarme todos los auxilios necesarios para el desempeño de los graves encargos que me confiara. Recordad, mexicanos, que no es la mano del tirano la que debe dirigiros después de que habéis formado un gobierno verdaderamente nacional; y al reflexionar sobre este objetivo, no olvidéis la diferencia que existe entre los esclavos de un déspota que sólo obedecen a la voz del miedo y del terror, y los ciudadanos libres que, convencidos de la necesidad de vivir bajo el imperio de las leyes, no sólo cumplen con exactitud lo que éstas ordenan, sino que velan y cuidan recíprocamente sobre su más firme ejecución. Ésta es, conciudadanos, la base de la libertad y única garantía de vuestros derechos. A la voz de la ley, desaparecen todos los partidos, todas las divisiones, todas las rivalidades: vuestro presidente os ofrece que nada en el mundo será bastante a separarlo un punto de esta senda segura e infalible, que mirará siempre como el más firme apoyo de la existencia nacional.

Las vicisitudes políticas que hemos experimentado han debido dar origen a la formación de algunos partidos, que van ya desapareciendo después de haber cesado las causas que los produjeron. Vacilante e incierta la mayoría de la nación sobre la forma de gobierno que debía adoptar para regirse después de roto el vínculo con la llamada *madre patria,* y echado a tierra el sistema imperial, no podían dejar de multiplicarse los partidos en la efervescencia de las pasiones animadas en medio del desorden y sin ningún freno que pudiera contenerlas; la ambición desplegó todos sus resortes; el enemigo se aprovechó de la confusión universal: fluctuaba la nave del Estado en medio del borrascoso océano de opiniones contrarias, y la parte sensata de la nación suspiraba por una ley constitucional o un sistema fijo y uniforme que reuniese bajo un mismo pabellón a los buenos hijos de la patria. Ha llegado este momento: fijada irrevocablemente la suerte de Anáhuac, todo paso que tienda a rescindir el pacto que solemnemente acaban de celebrar los Estados Unidos debe ser considerado como un atentado contra la patria y castigado con la severidad que las leyes han querido.

Una será la senda que conducirá a los ciudadanos al aprecio y consideración de las autoridades de la nación: la aplicación al trabajo, el respeto a la religión y a las leyes, la más severa observancia de la moral pública, el deseo de la conservación de la paz y la tranquilidad. Los partidos en su acaloramiento extravían la opinión pública, porque jamás se limitan a la discusión de los asuntos que al parecer se propusieron: encarnizan a los ciudadanos unos contra otros y fomentan el espíritu de la discordia e insubordinación dando entrada al influjo extranjero, librándose en su calor a los brazos del que les ofrezca apoyo y protección. Esto divide la opinión nacional, la deja sujeta a las inspiraciones de otros gobiernos, porque no puede manifestarse una voz uniforme y regular, ni el voto de los pueblos. Huid, pues, mexicanos, de este abismo en que procurarán precipitaros nuestros comunes enemigos. Anatema, compatriotas, a los que provocan la división, suscitan cuestiones inútiles en que no se interesa el bien público, y contra esa especie de hombres que existe en las sociedades mal organizadas, cuyo único objetivo es fomentar la división a toda costa entre hijos de la misma patria, o entre éstos y los extranjeros. Desaparezca de entre nosotros todo odio personal que degrada siempre a un gran pueblo y demos más y más pruebas al mundo civilizado de que los mexicanos, a la dulzura y amabilidad de su carácter, unen la hospitalidad y la práctica de todas las virtudes sociales.

No por eso, conciudadanos, intento en manera alguna adormecer el espíritu de independencia de que estáis animados, ni entibiar el entusiasmo que arde en vuestros corazones contra dominación extranjera. Por el contrario, mi deber inicial es el de mantener *ese fuego sagrado que jamás se ha extinguido en mis manos,* después que una vez lo conduje desde los altares de la patria a los campos del honor contra sus enemigos. Pero es preciso evitar dos escollos sumamente peligrosos. Con el nombre de *amor a la independencia* se puede revestir el *odio personal,* para acriminar y perseguir a una clase de hombres cuya situación es al mismo tiempo digna de nuestro respeto y de nuestra atención. Su conducta pública es la única que está sujeta a la inspección del Gobierno, y mientras ella sea conforme a las leyes, ni éste ni ningún ciudadano tiene derecho a perturbarlos en el goce de su tranquilidad. Por el contrario, es un deber de la sociedad conservar todos los derechos civiles que debe a los asociados que contribuyen a su existencia y mantenimiento; mas si, saliendo de la órbita a la que las circunstancias los han reducido, intentan dar algún impulso al espíritu del partido, o crear y fomentar de cualquier modo las facciones, la severa mano de las autoridades sabrá reprimirlos y reducir a su deber, y la opinión pública, viniendo en auxilio del Gobierno, afirmará la independencia y la Constitución sobre bases indestructibles.

El estado de nuestro Erario demanda toda la atención del Gobierno, como uno de los principales cimientos del edificio social. Aunque un porvenir risueño nos presenta los recursos de la nación mexicana muy superiores a las necesidades cuando su industria en movimiento haya dado valor a sus ricas producciones y puesto en circulación sus inmensas riquezas, nos hemos visto en la triste necesidad de empeñar el crédito público a un interés muy subido en las naciones extranjeras, entrando a representar en los mercados de Europa un papel subalterno al de otros estados, que no pueden compararse con la opulenta México. Aquí, conciudadanos, me será permitido echar un velo sobre las causas de nuestro descrédito. ¿Para qué recordar nuestras desgracias y nuestros infortunios? ¿A qué fin resucitar la memoria de sucesos que no debieron acaecer? Busquemos más bien el remedio a nuestros males, y demos a los pueblos cultos pruebas evidentes de que somos capaces de reorganizar lo que trastornó la inexperiencia de nuestros mandatarios. Ya el Supremo Poder Ejecutivo ha dado providencias que hacen honor a sus luces y buena fe: el actual Ministerio ha avanzado en esta materia un paso, cuyo éxito dependerá en gran parte de la marcha que la nación siga en el nuevo orden de cosas. Sin una severa economía en los gastos públicos, sin el pago exacto de los intereses a los acreedores de la nación, sin hipotecas especiales destinadas a la extinción de las deudas a cuyo pago está identificado el honor nacional y, más que todo, sin tranquilidad y paz bajo el régimen constitucional que hemos abrazado y jurado solemnemente, seremos desgraciados por mucho tiempo, y los pueblos cultos nos mirarán como el aprobio de los estados americanos. El Congreso general se ocupa seriamente de cuanto puede conducir a la extinción de la deuda pública y pago de los intereses; el Gobierno reprimirá con el brazo indomable de las leyes los amagos de cualquiera facción enemiga de la confianza pública, si desgraciadamente estallase entre nosotros, no dejando por esto de conservar incólumes todas las leyes protectoras de las garantías constitucionales y sociales. Éste será, compatriotas, uno de los objetivos a que dedique mi atención con la preferencia y celo que demanda. Establecido el crédito sobre bases sólidas, se multiplicarán nuestros recursos; a la voz de la nación acudirán caudales inmensos en nuestras necesidades, e inspirando confianza veremos en poco tiempo convertirse nuestro suelo en el gran mercado de las naciones comerciantes que aún no han fijado la residencia de sus cambios.

Ésta es, mexicanos, una de las grandes revoluciones que la independencia de América debe producir en el comercio del mundo, y ved a qué alto grado de prosperidad y consideración nos llaman nuestros prósperos destinos. Un pequeño intervalo nos separa de este grande acontecimiento: la consolidación de nuestro Gobierno, es decir, la fiel observancia de la Constitución General y el exacto cumplimiento de las leyes que emanan de las legislaturas; la severa observancia de las reglas de la moral y un respeto inviolable a la religión que profesamos. La licencia y el fanatismo son igualmente enemigos de la prosperidad de los estados, y en los anales de todos los pueblos no se encuentra uno solo que haya podido conservarse sin religión y sin culto. Estas ideas llevan entre sí una conexión íntima y cuando las naciones ilustradas se convenzan de que el grito de independencia y la creación de nuestras instituciones no han sido efecto de un movimiento insignificante o de un entusiasmo efímero; cuando, penetradas de la uniformidad de nuestros sentimientos, vean que la religión, la moral y la legislación caminan en consonancia para afirmar nuestro gobierno; cuando no adviertan otro impulso entre nosotros que aquel que vivifica la riqueza y hace nacer la abundancia en medio de la tranquilidad y la paz, entonces correrán de todas partes a poblar nuestros inmensos y fecundos desiertos, a explotar las preciosas producciones de nuestras montañas, a convertir en edificios flotantes nuestros envejecidos bosques, a hacer navegables nuestros ríos, a construir hermosos caminos en todas direcciones; finalmente, a dar vida juvenil y vigorosa a esta sociedad, proporcionándonos todas las comodidades de que disfrutan los pueblos civilizados, satisfaciendo nuestras necesidades y haciendo brotar todas las artes, que embellecerán este suelo, tan favorecido de la naturaleza.

Todo el Nuevo Mundo presenta una existencia llena de vida y de grandes esperanzas a la faz del universo; pero al entrar México en la enumeración de los estados que han conseguido su independencia de Europa, ésta parece respetar en él su futura opulencia, y el poder inmenso que va a conducirla al primer rango entre todos los pueblos libres. Y esta gran nación, poblada de valientes, ¡aún tiene bajo sus baterías un puñado de antiguos obstinados! ¡Aún insulta al majestuoso pabellón nacional un destacamento de españoles refugiados en un peñasco, a una milla de nuestras playas! Mexicanos, el honor nacional está comprometido, y nuestro presidente ama la gloria de su patria; el águila de Anáhuac, batiendo sus alas sobre ese miserable reducto, triunfará completamente de los que, no pudiendo resistir el ardor de nuestros bravos, han buscado un asilo en las aguas del océano. Las naves de Cortés desaparecerán para siempre de nuestras playas y el obstinado ibero reducirá su dominación a los antiguos límites. Más acá de las columnas de Hércules sólo existe libertad. Mas allá: la anarquía y el despotismo envilecen al pueblo que nos dio señores, y hoy envidia, sin esperanza, la suerte venturosa del pueblo que oprimió.

El estado de nuestra fuerza naval aún no presenta una perspectiva muy ventajosa, como debemos esperar para lo sucesivo. Ocupado el Gobierno hasta ahora en organizar la fuerza permanente de tierra y en los diferentes objetivos que simultáneamente llaman su atención: escasa la nación de recursos de todo género, en el golfo de tantas necesidades, no pudo atender con la preferencia que deseaba este ramo importante y útil que pone en comunicación a todos los pueblos del globo y da a las naciones una influencia decidida sobre el comercio. Nuestras costas, que se extienden entre quince y más de cuarenta grados de latitud norte en uno y otro extremo, exigen imperiosamente una vigilancia activa, así para repeler cualquiera agresión del enemigo con quien en el día estamos en guerra, como para impedir la formación de colonias a los muchos aventureros que buscan asilo lejos de los gobiernos organizados. Estas consideraciones y otras que he tenido presentes me empeñan a dirigir varias providencias a tan recomendables objetos.

Nuestro sistema de gobierno me dispensaría de hablar de la fuerza permanente de tierra, de este ejército que se ha cubierto de gloria al hacer la independencia y libertad de la patria, si no me acompañase la satisfacción de poder asegurar que los virtuosos militares de la República son *soldados ciudadanos*. Convencido el ejército de que sólo se debe emplear su irresistible fuerza contra los enemigos exteriores y para el sostenimiento de la Constitución y de las leyes, será considerado como una de las más firmes y sólidas columnas. Dedicaré muy seriamente mis atenciones a la disciplina, al orden, a la subordinación y entero arreglo de todo el Ejército; y jamás perderé de vista el pago exacto de los préstamos, el aseo y compostura de la tropa, y la conservación de aquel pundonor delicado que honra a esta profesión y conoce sus fundamentos en la observancia de la moral.

Subsistentes y vigorizadas las relaciones que la justicia y la conveniencia hicieron nacer entre ésta y la República que fundó la espada de Simón Bolívar, yo me complaceré más y más en secundar los votos y los esfuerzos del héroe del Ecuador y en afirmar del Sur al Septentrión el pendón santo de la libertad.

Los principios que profesa la nación, las relaciones de amistad y armonía entre nuestro gobierno y el de Guatemala, el decoro y dignidad de ambos pueblos, demandaban que las dudas que se habían suscitado sobre a cuál de las naciones debería pertenecer el territorio de Chiapas, después de la separación de Guatemala de México, se evacuase por la deliberación de sus habitantes. Los papeles públicos os han anunciado el resultado de esta célebre declaración que hará honor a los dos grandes estados entre los que se halla situada la provincia. ¡Plegue al cielo que de esta manera se terminen las diferencias que en todo tiempo puedan suscitarse entre los gobiernos del Nuevo Mundo, y que estos principios de respeto y de diferencia a la voluntad de los pueblos llegue algún día a ser la base de los tratados entre las naciones!

No quiero terminar esta alocución sin tocar una lección importante para todos los hijos de Anáhuac. Adoptado el sistema federal por el voto unánime de los pueblos y regularizado en la sabia Constitución que acaba de darnos el Congreso Federal, no podrá olvidarse, amados compatriotas, lo que en ocasión semejante decía el inmortal Washington a sus conciudadanos: *Si los Estados no dejan al Congreso Federal ejercer aquellas funciones que indudablemente le ha conferido la Constitución, todo caminará rápidamente a la anarquía y la confusión: necesario es para la felicidad de los Estados que en alguna parte se haya depositado el Supremo Poder, para dirigir y gobernar los intereses generales de la Federación; sin esto no hay unión y seguirá muy pronto el desorden: que toda medida que tienda a disolver la Unión debe considerarse como un acto hostil contra la libertad e independencia americana, y que los autores de estos actos deben ser tratados como corresponde.*

Ved aquí, en pocas palabras resumidos, los elementos de nuestra organización social. Permitidme que me atreva a usar para con vosotros el mismo idioma de aquel inmortal, que tantos derechos reunió al amor y veneración de sus compatriotas: mi débil voz se hará escuchar al anunciar con el más profundo respeto al *Héroe del Norte,* y no temo ser censurado cuando me cubra su augusta sombra.

México, 10 de octubre de 1824. 4.º de la Independencia, 3.º de la Libertad y 2.º de la República Federal.—*Guadalupe Victoria.*

AÑO 1825

El general Victoria, al abrir las sesiones ordinarias del Congreso General

1 de enero de 1825

Señores:

No podrá ya dudarse, como se afectó dudar en algún tiempo, si las modernas sociedades establecidas para la libertad del hombre son el resultado necesario del progreso de las ideas justas y benéficas, o si ellas existen momentáneamente por la subversión escandalosa de los principios y por el avance tumultuario de las pasiones. Los partidarios de la envejecida tiranía, aquellos que del seno de las nubes hacen descender los pactos y las obligaciones, desconocen la legitimidad y vigor de los gobiernos que han nacido del pueblo soberano. Para ellos los particulares en las naciones libres no tienen ni freno ni garantías; irnos a otros se acometen y se devoran, y en esta reñida contienda, la crueldad y la ira despiadada de las facciones aniquilan la esperanza de algún sistema regular de legislación.

No se crea, señores, que para la confusión de los enemigos del pueblo he de conducirlos a las ruinas de Cartago, he de excitar las memorias de Roma libre o de abrir los fastos de aquella Grecia, donde las letras, las artes generosas y la sublime filosofía dieron principio a instituciones que se han admirado en todos los siglos. No,

133

América, nuestra adorada patria, elevando la cabeza sobre los días antiguos, ha resuelto el problema más interesante a la especie humana y ha desgarrado los velos que cubrieran el origen, el fin y el objeto del poder.

El profundo legislador de la Carolina y Guillermo Penn, el amigo del hombre, plantaron en el suelo virginal de América las semillas preciosas de la Libertad Civil, que, cultivadas con esmero por Washington y Franklin, se hallan hoy depositadas con los frutos que produjeron en ese capitolio que levantó la sabiduría en las márgenes del Potomac. De allí se lanzan rayos desoladores sobre el despotismo, y de allí aparece la generación de pueblos soberanos. ¡Cuánta es la gloria del nuevo mundo! ¡Cuánta es la grandeza de sus destinos!

Asombra, señores, que las luces hayan penetrado hasta en las colonias que fundara el aventurero de Medellín. Ello es cierto que el genio se sobrepuso a las resistencias, que la moral regularizó el calor de los partidos y que los sentimientos de la filantropía vinieron a reemplazar los hábitos y los errores que consagró el tiempo.

Pero yo he venido aquí, señores, a congratularme con vosotros, porque los triunfos de la opinión y de las doctrinas sociales os han reunido bajo los fundamentos de un pacto creado por nosotros y para nuestra felicidad. ¿Quién podrá disputar a los representantes que dejaron estos asientos consagrados al mérito y a la virtud, la satisfacción incomparable de ser reemplazados por ciudadanos igualmente ilustres, igualmente ansiosos del engrandecimiento nacional? La unión, la seguridad y el bienestar de los estados se han confiado a los prudentes varones que por el uso de los consejos de la sabiduría atrajeron al derredor de sí las miradas de un pueblo que sabe calcular la justicia y el talento. Dichosos nosotros en haber normado las elecciones por el aprecio del bien público, veremos realizados en el primer Congreso Constitucional los planes del legislador y los votos uniformes de los mexicanos.

Mi corazón se dilata por los bienes que gozamos y por los que se esperan todavía. El magnífico edificio de las Libertades, que antes fuera una bella perspectiva ideal, se asentó sobre bases indestructibles y su recinto brilla con las instituciones que mereciera un pueblo grande. Los altos atributos con que la ley y la voluntad de mis conciudadanos quisieron revestirme en razón de depositario del Poder Ejecutivo, me pusieron en el caso y feliz disposición de emplearlos todos en su utilidad.

Una ojeada aunque rápida sobre el estado y existencia progresiva de los negocios os convencerá, señores, de que he procurado hacer el mayor bien posible según la esfera de mis luces en el brevísimo período de mi gobierno. ¡Dichoso yo si he acertado a llenar el extenso círculo de mis obligaciones para con la patria!

El secretario del despacho de Hacienda manifestará al Congreso que, si es ventajosa su situación, ni por sus ingresos, ni por sus obligaciones ha logrado, al cabo de multiplicados y penosos esfuerzos, vestir, armar y aumentar el Ejército y la Marina, socorrer al Nuevo México, California y todas las fronteras; acallar los clamores de los empleados de la República atrasados en sus sueldos y cubrir en todas sus partes las atenciones de la Administración con el uso sobrio y arreglado de los préstamos extranjeros. La organización de la Hacienda en lo económico ha obtenido considerables mejoras por la última ley de la materia, y avanza sin duda a su perfección. ¡Ojalá y los arbitrios que se consultarán a la sabiduría de la Cámara de representantes merezcan su aprobación tan urgente! La seguridad de la República demanda sacrificios, pero siempre compatibles con el Estado, fuerzas y patriotismo de sus heroicos ciudadanos.

Careciendo de existencia el Poder Judicial de la Federación e inhibido el Gobierno de la intervención que antes disfrutaba en el de las antiguas provincias, su acción en esta parte ha sido casi nula, y lo será hasta que la Suprema Corte de Justicia se instale, luego que se designe por una ley el número y ubicación de los Juzgados de Circuito y de Distrito, y se proceda al arreglo de tribunales en los territorios y en el Distrito Federal.

Sin embargo de este vacío, se han atendido en lo posible los objetos de la Administración de Justicia, y los ciudadanos sólo podrán quejarse de los vicios de la legislación y de los que se introdujeron en la forma de los juicios por la degradante indolencia de los gobernantes españoles. Las cárceles y los establecimientos de corrección han corrido la suerte de los tiempos, mas yo no desespero de hacerlos servir a la seguridad, sin aumentar las aflicciones y miserias de los delincuentes.

El Ejército mexicano, que ciñe tantos laureles, ha adelantado considerablemente su disciplina. Está para completarse su fuerza, y hoy la que existe cuenta con buen armamento, al paso que se contrataron armas suficientes para levantar todo el Ejército conforme exige nuestra situación política. El secretario de Guerra y Marina pondrá en claro mis trabajos en estos ramos.

El sistema felizmente adoptado confía la administración interior de los pueblos a sus autoridades provinciales. El Gobierno dentro de su órbita se ha empeñado en cortar abusos envejecidos, y en que las leyes patrias comiencen a desenrollar su actividad benefactora. Así lo expondrá el secretario de Relaciones Interiores.

En todos los países libres el universo se forman votos por la consolidación de la independencia mexicana, y luego que se hallen en el caso de calcular los extranjeros el inmenso valor que la unión ha dado a nuestra prosperidad colectiva e individual, me persuado, señores, que nos admitirán al rango de las naciones independientes y soberanas.

¿Y éste es el pueblo que por tres siglos fuera sujeto a una administración mezquina, a un gobierno miserable? Privados los mexicanos de las ventajas de un sistema equitativo, rompieron sus relaciones con la metrópoli, después de sufrir más allá de los límites de la paciencia humana. Nuestras poblaciones incendiadas, nuestras propiedades invadidas, las cárceles siempre llenas, el dolor, la desesperación, la muerte amenazando sin cesar nuestras cabezas, éstos fueron los títulos, éstos los caracteres que marcaron con fuego y sangre la libertad de que gozamos. Al recuperar nuestros derechos ultrajados, y cuando se alzó el fuerte brazo para la gloria de la patria, hemos dado ejemplos insignes de moderación. Confúndanse nuestros detractores y admiren, si por una sola vez quieren llamarse justos, el imperio de la suavísima índole mexicana y el sistema más filantrópico que se conoce de legislación y gobierno.

¡Ciudadanos de ambas Cámaras de la heroica nación mexicana! ¡Que no sean perdidas para nosotros las conquistas de la revolución! ¡Que los secuaces del poder tiránico tributen a las ideas del siglo y a los adelantos de la civilización en América los testimonios de su forzado y tardío arrepentimiento! ¡Que vuestro ardiente celo por la Constitución, que vuestro constante amor a la patria y a la libertad, que vuestra previsión y energía os faciliten el dulce placer de elevar a los Estados Unidos Mexicanos al alto puente de prosperidad y grandeza que ha decretado el Árbitro Supremo de los destinos!

El presidente de los Estados Unidos Mexicanos a sus compatriotas

¡Conciudadanos! Al comenzar este año, os anuncié que en todos los países libres se formaban votos por la consolidación de la independencia mexicana, y que apenas ochenta hallasen los extranjeros en el caso de calcular el inmenso valor que la unión ha dado a nuestra prosperidad colectiva e individual, nos colocarían en el rango de las naciones independientes y soberanas. En el mismo día que por presentimiento, o sea por resultado de mis investigaciones sobre la marcha de la política en uno y otro mundo, fijaba la aparición de este grande suceso, en ese mismo día el gabinete de S.M.B., poniéndose a la vanguardia de la Europa, ha reconocido la existencia, el poder y la estabilidad de nuestra República.

Un acontecimiento de tal magnitud se os ha comunicado oficialmente luego que se adquirió su noticia; y me reservó la satisfacción de congratularme con vosotros para que el gozo inefable de mi corazón se participase a todos los que saben sentir las dichas de la patria.

He aquí, mexicanos, el fruto precioso de tanta sangre vertida, de tantas penalidades y sacrificios. He aquí el premio del valor y de la constancia en la guerra de la libertad. He aquí el grado de importancia a que nos llamaban los destinos, y que ha sido la conquista de nuestra espada, no menos que del juicio y circunspección de los mexicanos.

Antes de ahora librábamos a nuestros esfuerzos y al coraje nacional el triunfo de la justicia; y estábamos generosamente resueltos a sellar con sangre de opresores y oprimidos el juramento hecho una vez, y repetido en mil combates, de perecer o destruir a los enemigos de la independencia. De hoy en adelante las primeras naciones civilizadas servirán de apoyo a un continente rico y vasto, donde se han levantado algunos pueblos fuertes y dignos de pertenecer a la gran familia de las naciones. Una revolución de mayor interés para el mundo jamás la vieron los siglos. Gloriaos, mexicanos, de la parte tan considerable que os toca en el resultado de los negocios del universo.

Mi satisfacción sólo se mide por el tamaño de mis deseos y por el de los conatos vehementísimos que he empleado, y con el más próspero suceso, a fin de que brillase esta aurora de felicidad. Mis desgracias, la escuela del infortunio, el gran libro de la revolución, todo me ponía en el caso de comparar intereses con intereses, las relaciones de nuestro país con otros y cuanto demandaba del diestro gabinete de S. James, su posición y circunstancias respecto del nuevo y del antiguo mundo.

Tiempo ha que fue en mi previsión este negociado de inmenso valor en el catálogo de los que han decidido sobre la suerte de los pueblos. Sin que parezca una vana jactancia, yo me atrevo a asegurar que mis manos trazaron sobre las arenas de Veracruz las primeras líneas del edificio en que reposa nuestra seguridad exterior, y si no hubiese sentimientos que no se pueden sofocar por hombres amantes de su patria, callaría hoy y callaría siempre a mis conciudadanos, lo que hice y debí hacer para preparar, realizar y concluir el último desenlace de la lucha empeñada y sostenida por tantos años.

Al salir este pueblo de la degradación y del envilecimiento, conoció su dignidad, y por los esfuerzos más raros del genio, del talento y del valor, ha desarrollado un carácter singular, se puso al cabo de la civilización por la práctica de todas las virtudes sociales y ha multiplicado los testimonios de su cordura, de su sensatez y de una rectitud moral que nunca admirarán bastantemente las edades futuras.

Éstos son los verdaderos principios de la consideración que México obtiene entre las naciones, que antes de pronunciar el honorífico fallo sujetaron al más riguroso análisis los pasos más insignificantes de nuestra marcha política; ella ofrece modelos incontestables de valor; ella los presenta de moderación sin límites, de prudencia consumada y del heroísmo que probaron nuestros mártires en los patíbulos, mil y mil ciudadanos en las cárceles y todos en los campos del honor contra los enemigos de la patria.

Invocando su adorable nombre las pasiones se extinguieron. Los partidos que llevan su furor más allá del término de las revoluciones, aquí, en este pueblo, de índole suave y benigna, se han reconciliado con la franqueza y ternura que dos hermanos se abrazan en el seno paternal. Este pueblo, nadie lo disputa, es humano, es ilustre, en la presencia de las naciones.

La Europa no podía sostener más tiempo las máximas y la injusticia de tres siglos. Las ideas que prevalecen hoy entre los hombres son las de conveniencia universal, calculada profundamente sobre intereses sólidos y recíprocos, sobre los intereses de la comunidad. La población, los progresos de las luces en América, los elementos que posee de abundancia, un suelo virgen y fecundo, entrañas ricas, todo clamaba por un orden nuevo, por el orden que la naturaleza y los destinos del mundo han creado irrevocablemente en nuestra patria afortunada.

Llegasteis, mexicanos, al colmo de la ventura. La más poderosa de las naciones os numera en su catálogo; y sois altamente merecedores del lugar que se os ha concedido. Otros pueblos, por el espíritu de cálculo y el de generosidad, se acercarán a vosotros con miras benéficas y apacibles, y México será el amigo universal de los hombres, la patria de los desdichados, el emporio del comercio.

¡Conciudadanos! No os cause cuidado la coalición de algunos soberanos continentales; hasta ahora, su política es tenebrosa: si ella se manifiesta contraria a los sagrados principios de nuestra existencia, nuestros brazos los sostendrán con valor. *Amigos de la paz, enemigos de la guerra, a nadie provocamos, a ninguno tememos.*

¡Mis amigos! La buena fe que os ha distinguido os recomendará siempre con nacionales y extranjeros. Desaparecerán los celos y las desconfianzas, y ni sombra se conservará de males y errores que pasaron. Ya no existen bajo las leyes de la República hombres que no sean mexicanos. No hay peligros, no hay temores: jamás, jamás vuelvan a turbar nuestro reposo y nuestra felicidad naciente nombres desagradables, odios ligeros y mutuas recriminaciones.

¡Compatriotas! Cinco meses han corrido desde que me designasteis para la regencia de los negocios públicos. Mi franqueza republicana se complace en las prosperidades que la Providencia os ha donado en tan corto intervalo y son la recompensa de vuestra sabiduría y de vuestras virtudes. Bastante se ha dado a la patria: ella va a elevarse a superior altura y su porvenir es más halagüeño todavía. Continuad como hasta aquí, y México será en breve la admiración del mundo. ¡Mis amigos! Toda mi gloria es pertenecer a vosotros.

México, 14 de marzo de 1825.—*Guadalupe Victoria.*

El general Victoria, al cerrar dichas sesiones

21 de mayo de 1825

Señores del Congreso general:
En observancia de la Ley Constitucional expuse a las Cámaras en enero de este año el estado de la cosa pública, y ahora tengo el honor de anunciar que de entonces acá nuestra situación ha mejorado notablemente, que nuestro pueblo, lejos de retrogradar o debilitarse, se ha robustecido y adelantado en la carrera de la prosperidad y de las naciones.

El lazo de federación se conserva y consolida en lo general: la mayor parte de los estados han sancionado su Constitución o están para concluirla; cada uno trabaja en plantear, poner expedita y rectificar su administración; todos se esmerarán y esforzarán, como lo han hecho en parte, para cubrir el contingente que les corresponde, y sin lo que quedarían inertes y como vacías las instituciones que nos rigen; en una palabra, atendidos los datos que se tienen en esta parte, y la buena suerte y felicidad con que el cielo ha encaminado hasta aquí los negocios de la República, es de esperar que obrando cada Estado en la propia órbita para su bien, pero sin olvidar el de la Federación, y girando, por decirlo así, en torno del Gobierno común, se repita de algún modo en el orden político el espectáculo asombroso de equilibrio, concierto y armonía de las grandes masas de nuestro universo.

El Poder Ejecutivo no ha perdido ni puede perder de vista la moral y la ilustración, y por lo que a ésta hace, una Junta está actualmente entendiendo en un proyecto grandioso de enseñanza pública, a fin de que los mexicanos no tengan que ir a buscar estos socorros a otros países. Al mismo tiempo, los establecimientos de comodidad, los que corresponden al ornato, dignidad y grandeza de la República, la agricultura, además el comercio y la industria, todo va medrando de un modo bien perceptible para los que, volviendo atrás la vista, meditan los años anteriores o los días antiguos de humillación y de esclavitud; así es que se reproduce y confirma en nosotros la idea de que el espíritu de reglamento, y el querer dirigir minuciosamente injiriéndose en todo, es lo más adecuado para disminuir o desterrar tal vez para siempre la abundancia y la riqueza, y que por el contrario, para introducirlas y fomentarlas un gobierno ilustrado y bienhechor, sólo debe remover los grandes estorbos, dejando lo demás a la acción e interés de los particulares.

Ahora, por lo que respecta al manejo y dilección de la Hacienda, son inmensos los trabajos que se han hecho y los que se tienen preparados: sería menester mucho tiempo para entrar en su detalle, y así, contrayéndome a los resultados propios de este ramo, las Cámaras deben quedar entendidas que el Ejército ha sido pagado por quin-

141

cenas adelantadas, que los almacenes militares están provistos, que la lista civil está satisfecha, que el último préstamo se ha realizado ventajosamente, que se ha pagado a los cosecheros de tabacos sus existencias y créditos, que se ha extinguido una parte de la deuda, que no existe ya papel-moneda, que se ha adquirido una cantidad bien considerable de fusiles y de toda clase de pertrechos, que se han puesto en diversos puntos fondos cuantiosos para compra de buques, que se ha introducido un sistema de orden y de economía que ha ahorrado gruesas sumas y, finalmente, que la administración del dinero público sólo espera, para consolidarse y perfeccionarse, la resolución sobre algunos proyectos y consultas pendientes en el Cuerpo Legislativo.

El ramo militar se va también mejorando sensiblemente: los cuerpos de todas armas se van completando; la disciplina se va restableciendo; la ley sobre deserción contribuirá poderosamente a dar tono en esta parte; al mismo tiempo se ha guarnecido el estado de Chiapas, se ha reforzado también la frontera del Poniente y Norte, atendiendo con particularidad la parte de Texas, y los trabajos emprendidos y que continúan sobre un proyecto general de defensa, y para el que ingenieros formados entre nosotros han salido a levantar planos de nuestras costas, cordilleras y avenidas, harán siempre honor al saber del Estado Mayor mexicano, y acreditarán de un modo perentorio la vigilancia y circunspección del Poder Ejecutivo.

Por lo que hace a la Marina, aunque está bien servida y administrada, si se atiende al número y fuerza de los buques, puede decirse que no ha salido de su primera infancia: el Gobierno había creído poder contar para este tiempo con fuerzas respetables en lino y otro mar; pero contrariedades inevitables nos han privado hasta ahora de este auxilio que indudablemente tendremos dentro de algunos meses. Entre tanto ha salido una expedición para proveer de toda clase de auxilios a las Californias; se ha reconocido y pedido la habilitación de nuestro puerto de Manzanillo, uno de los más seguros, espaciosos y magníficos del globo; se ha habilitado interinamente el de Galveston; se han dado órdenes para construir algunas lanchas cañoneras en nuestro territorio, con lo que se multiplicarán los recursos, ganará la civilización, se aumentará el comercio y, lo que más debe interesarnos, empezará a medrar el arte del constructor del que tanto necesitamos, sobre todo en el Pacífico.

Nuestra administración estaba incompleta y como manca, faltando el resorte del Supremo Poder Judicial, que debe dirimir las cuestiones en grande y proveer a lo que necesitan los territorios y la Hacienda de la Federación; pero afortunadamente el 15 de marzo se instaló la Suprema Corte de Justicia: los grandes poderes están en la plenitud de su integridad, y cuando se concluya la ley que determine detalladamente sus atribuciones y procedimientos, se habrá desembrollado el caos en que su falta nos había hundido. Así, aun cuando haya intervenido en este tiempo alguna ocurrencia desagradable, o sucedido alguna quiebra aislada y de ninguna trascendencia, considerando las cosas en grande y pasando rápidamente la vista sobre nuestro interior, tendremos que hay orden y concierto en la cosa pública, que ésta se consolida a grande prisa, que se desarrollan sobre nuestra expectación los gérmenes del bienestar, y lo que debe llenarnos de complacencia y aun de un noble orgullo es el que esto suceda y se verifique planteando un sistema difícil y nuevo para nosotros a todas luces.

La perspectiva de nuestras relaciones con los demás pueblos es tanto o más lisonjera y satisfactoria que la del interior, y ya las Cámaras estarán entreviendo un porvenir de fortuna, de esplendor y de grandeza que los poderes de la República tratarán de asentar sobre un cimiento de buena fe, de justicia y de moderación. Inglaterra, la potencia más poderosa de la Europa, relativamente a nosotros, ha reconocido la independencia del Anáhuac, y esta nación, que, viviendo a millares de leguas de nuestras costas, puede decirse que habita sobre el continente americano y que aun es nuestra limítrofe, ha celebrado sobre esta base tratados de amistad, navegación y comercio que se sometieron oportunamente al conocimiento de las Cámaras, y que en el día tienen ya su aprobación. Semejante acontecimiento, que será de los más memorables en nuestra historia, aumenta el poder y consideración de la República, y su ejemplo no dejará de ser imitado cuanto antes por potencias ultramarinas que no pueden hacernos mal aunque quieran, y a quienes, por otra parte, podemos beneficiar franqueando bajo igual garantía nuestros mercados. Tal vez se pasarán algunos años sin que quiera reconocer y confesar cierta potencia la legitimidad de nuestra emancipación, siendo así que debía ser la primera a anticiparse y que para ello se le ha presentado toda clase de oportunidades: empeñada en destruirse a sí misma, y en un estado de desfallecimiento y consunción, sus ojos se reaniman para dirigirnos miradas amenazadoras; pero cesarán algún día estos raptos de furor, y cuando llegue la época que deseamos no menos por nuestro bien, que por el suyo propio, se desengañará entonces de que cuando su impotente rabia trataba de arrebatarnos la libertad y todos los bienes, nosotros, por el contrario, estábamos animados relativamente a ella de sentimientos de moderación, de benevolencia y generosidad.

Y viniendo a las naciones americanas, nuestro plenipotenciario ha días que reside en Washington en toda la plenitud que reconoce la diplomacia, así como residirá dentro de poco en nuestra capital el de los Estados Unidos del Norte que ha entrado ya en nuestro territorio; en los mismos términos se halla entre nosotros el de nuestra hermana y aliada, la belicosa Colombia, y debiendo nombrarse cuanto antes un ministro plenipotenciario por nuestra parte, tenemos entre tanto un encargado de Negocios cerca de aquella República. También el ministro de los Estados Unidos del Centro ha días que presentó sus credenciales y fue solemnemente reconocido en México, y el Gobierno, por su parte, ha propuesto ya al Senado al que recíprocamente debe representarnos en aquellos estados. Finalmente, ha marchado ya para su destino la legación que debe ponernos en contacto con el jefe de la Iglesia, y no debiéndose perder la oportunidad de fomentar la ilustración se han nombrado jóvenes adictos para el estudio de la diplomacia, y se han destinado algunos pensionados en nuestra Academia, para que, poniéndose al corriente del mejor gusto en las Bellas Artes, puedan después trasladarlo a la República.

Pero tratándose de lo exterior, es justo que llame sobre todo la atención de las Cámaras un acontecimiento que naturalmente interesa a todo americano, que agranda el sentimiento de sus fuerzas y de su dignidad, y que, aunque sucedido en un punto aislado, debe reputarse como doméstico y propio en toda la América: en los campos de Ayacucho ha dado la última boqueada el monstruo de la tiranía, finando para siempre en nuestro continente el imperio de la Península. Valor, constancia, desinterés a toda prueba, son las marcas de esta jornada memorable; por donde quiera que se examine este hecho, despide gloria y magnificencia: un ejército sin pagar, una fuerza vencedora incomparablemente menor, una resistencia la más obstinada y sostenida, y una derrota la más completa y universal que pudiera desearse; he aquí un modelo de heroísmo republicano, y el bien merecido título para la inmortalidad de Sucre, de su Ejército y del Libertador. Un tratado de alianza había identificado ya los intereses más esenciales y la suerte y destino de México y Colombia, y, en consecuencia, hemos sido invitados para la Asamblea de Representantes de las Repúblicas, que debe cuanto antes verificarse con objeto de acabar de consolidar la emancipación de todos y neutralizar las miras y proyectos opresivos de los que quisieran extinguir entre los americanos el sentimiento y hasta las nociones y memoria de libertad e independencia.

Es, pues, llegado el tiempo en que la nación se glorifique, pues que tanto se debe a un seso y buen sentido, y en el que las Cámaras se llenen de placer más activo y puro al ver el buen éxito que van teniendo sus trabajos, su celo y su interés por el bien público; mucho falta que hacer todavía para llegar al punto en que debe pararse la nación; estamos como sembrando, pero la tierra es de lo más pingüe, y tenemos a mano riego con abundancia. ¿Con cuánta satisfacción, pues, y con cuánto esmero no deberán los poderes de la nación cultivar el precioso terreno que ésta les ha confiado? Por mi parte, y para concluir, tengo el honor de recomendar al Cuerpo Legislativo el expediente de algunos negocios graves y de mucha trascendencia que están pendientes y entorpecen el curso de la Administración; entre tanto, el Gobierno confía que en el intervalo del receso se prepararán y facilitarán los trabajos en las comisiones, a fin de que, llegado el caso de reunirse las Cámaras, puedan éstas resolver y consultar del modo más expeditivo a la marcha y felicidad de la República, que todos deseamos ver cuanto antes en su colmo.

El general Victoria al abrir las sesiones extraordinarias

4 de agosto de 1825

Señores:

Facultado por la Constitución para convocar al Congreso a sesiones extraordinarias en el caso que lo crea conveniente, debo congratularme con vosotros y con la nación de que ni para este paso, ni para la aprobación o acuerdo del Consejo de Gobierno, se han ofrecido motivos de angustia, peligros alarmantes sobre las costas o el interior, vacilación en la marcha de las instituciones, o alguna necesidad imperiosa que os llamase a disipar una tormenta desoladora o a enfrenar el torbellino de las pasiones conmovidas. Afortunadamente, señores, podéis tornar al uso y ejercicio de vuestras tareas en los preciosos momentos en que la República, quieta y próspera, avanza sin obstáculos en la carrera de sus destinos. Yo he querido satisfacer a los deseos de mi corazón y a los votos de los pueblos que demandan urgentemente el complemento y perfección de los beneficios que en el orden social comenzaron a plantearse. Los autores de la Constitución llenaron su augusto encargo de un modo tan admirable y circunspecto que sin traspasar una línea de sus atribuciones dejaron levantado el edificio que para su consolidación y hermosura necesita de vuestros trabajos y de la continuación de vuestros esfuerzos. Ahora que la nación, siempre justa, manifiesta inequívocamente su gratitud por el útil y glorioso empleo que hicisteis del primer período constitucional, ahora, conciudadanos, exige que la obra de la sabiduría sea consumada por los consejos de vuestra prudencia.

Vuestra previsión y mis ojos se han fijado en las grandes cuestiones que, recomendadas a vuestro celo, no podían dejarse a la ventura o esperar su resolución para tiempo más distante. En los movimientos tan complicados de la máquina política, la falta de una rueda es bastante a pararla o a causar tal vez un fatal retroceso; y cuando las resistencias se multipliquen, sólo un sistema fuerte y armonioso conservará el vigor y el equilibrio en los diversos órdenes de la sociedad.

Por lo que a mí toca, no desempeñaría satisfactoriamente los deberes de mi situación, si no cooperaseis conmigo a superar los embarazos que la inexistencia de ciertas leyes y mi profundo respeto a la salvadora división e independencia de los poderes sociales han de oponer al ejercicio de la autoridad que la nación quiso confiarme.

Los depositarios de un poder que falla sobre las acciones y la conducta de los más altos funcionarios de la República, que, establecidos vigilantes sobre el uso de nuestras respectivas facultades, deben hallarse expeditos en todos momentos para condenar al criminal y absolver al inocente, no serán responsables ni se cumplirán los designios del código fundamental, entre tanto no se arreglen por una ley orgánica las funciones de su instituto. Sin los tribunales de la Federación, ella será mi caos: en esta parte, señores, nada hay hecho. En los territorios no se regulariza todavía la administración de justicia; y las preciosas garantías del hombre en sociedad, interesadas en este asunto, reclaman su pronta resolución.

La inestimable libertad de las prensas no se ha colocado en el punto de que es conveniente en nuestras circunstancias avanzar ni retroceder.

La Hacienda nacional, esta sangre vivificante del Estado, exige consideraciones, reformas y establecimientos importantes. El de la dirección del Crédito Público nos nivelará con las naciones que por su religiosidad en los pactos han afianzado irrevocablemente su existencia.

La moral del Ejército llama la atención del legislador para que se regeneren el carácter y las costumbres nacidas en la guerra. Por más que los clamores de los pueblos hayan resonado cerca de los tronos absolutos de Europa, han prevalecido desgraciadamente unas máximas no menos fatales al comercio que al reconocimiento de nuestros derechos. La disciplina, el completo, la organización de las fuerzas de mar y tierra, nos pondrán, señores, a cubierto de las asechanzas y aun de las agresiones del universo entero, si se conjurase para perdernos. El Gobierno se ocupa del sistema de defensa. La República es invencible: todos sus hijos, con la unánime aprobación de los hombres libres, sostienen denodadamente los fueros de su patria.

Abierto para las naciones mercantiles este rico mercado que la política suspicaz y también mezquina del Gobierno de España tenía reservada a sus rateras especulaciones, nos hallaremos tal vez en el caso de formar tratados que los mismos intereses comerciales requieran. Todos los acontecimientos relativos a nuestro país se suceden y aun atropellan, y para negocios de tanta importancia vuestras facultades no se han limitado. La curiosidad, el espíritu de industria, la suavidad de nuestras leyes y costumbres, la reputación de la opulencia mexicana, todos estos impulsos conducen a nuestros puertos un sinnúmero de extranjeros; para su admisión, libre tránsito y establecimiento en los estados y territorios de la Federación, son urgentes leyes de policía que combinen nuestra seguridad con el buen trato de los que visiten nuestro suelo. Para animar la industria, daréis, señores, a los privilegios exclusivos las consideraciones que se merezcan.

Estas materias de conocida gravedad y otras de no menor influencia en la administración, se han sometido a los acuerdos del Congreso que, en perfecta consonancia con los designios del Gobierno, ocurrirá a todas las necesidades públicas, en el tiempo y con la oportunidad que ellas indicaren en sus relaciones recíprocas.

En el momento, señores, que vais a entregaros a nuevos afanes en obsequio de una patria de que sois el apoyo y ornamento, ella en su marcha siempre progresiva se levanta con dignidad en medio de todos los pueblos de la Tierra. Gloriaos, conciudadanos, de estar al frente de una nación que en los primeros pasos de su infancia ya se concilia el respeto y la admiración del mundo. México, por sentimientos de generosidad y benevolencia, desea la paz y las más francas comunicaciones con el resto del globo. México, fuerte y opulenta, libra su existencia y su conservación a sus propios recursos.

¡Conciudadanos! La patria ha vuelto a fijar sus ojos sobre vosotros.

Guadalupe Victoria a los conciudadanos del Ejército

¡Soldados! Un año hoy hace que los padres y representantes del pueblo dieron leyes, existencia y libertad a la República. Las ideas que vienen de tropel a explicar los sentimientos del corazón no dejan lugar a otro idioma que no sea el entusiasmo. Si volvemos la cara a los rastros de sangre que empapa nuestra tierra, podremos considerar bajo un golpe de vista el precio y el fruto de tantos sacrificios. Esas cicatrices gloriosas, esos caracteres del puro y acendrado patriotismo son, mis amigos, los documentos que la posteridad recomendará a los últimos tiempos, para que se estimen en ellos el valor de vuestros servicios.

Rompisteis con brazo denodado el cetro de la tiranía. Cayó vuestra espada en la balanza de los destinos, y ella los decidió a favor de nuestra justicia. Las leyes han nacido a la sombra de vuestros laureles. *El soldado que conquistó la libertad de su patria, la conserva y la defiende de sus enemigos.*

Gozaos, valientes del Ejército mexicano, con la memoria de vuestros hechos. Gozaos, hijos mimados de la patria, con el logro y tranquila posesión de los derechos de que ella se os confiesa deudora. Nada era, ninguna consideración merecía la cara patria antes de que la redimieseis de su ominoso cautiverio. Ahora, bravos compañeros, México llena su nombre; México, temible por su poder, envidiado por sus riquezas, respetado por sus instituciones, México es digno del rango que ocupa, de la admiración de todos los pueblos.

¡Soldados! El honor de la patria que fundasteis se sostendrá por vosotros mismos. Vuestros invencibles pechos son el muro sagrado de la Constitución, de la independencia, de las garantías sociales y de las de los individuos. ¡Que la ciega obediencia de las leyes patrias os distingan entre todos los soldados del mundo! ¡Que vuestro escudo lo sea de la paz y felicidad de la República! ¡Que seáis el modelo de las virtudes en el seno de las familias y el terror de los enemigos en campaña! ¡Que la Constitución, ese depósito de la soberana voluntad del pueblo, se mantenga intacta a costa de vuestras vidas y de vuestros incesantes desvelos!

¡Soldados! La patria, en este día de de interesantes recuerdos, reconoce todas sus obligaciones a vosotros. Ella os demanda que seáis por siempre como fuisteis hasta aquí.

¡Mis amigos! Es mi suma gloria pertenecer a las filas de los valientes. Yo os admiro. Mi corazón pertenece sin reserva a los soldados de la libertad.

¡Soldados! *¡Viva la Constitución Federal de los Estados Mexicanos!* México, 4 de octubre de 1825.—*Guadalupe Victoria.*

El presidente de los Estados Unidos Mexicanos a sus compatriotas

Conciudadanos: El pabellón de la República tremola en el castillo de Ulúa. Yo os anuncio con indecible gozo que al cabo de trescientos cuatro años han desaparecido de nuestras costas los pendones de Castilla.

Fue mi primer cuidado, al ocupar el asiento del poder por vuestra voluntad, ofreceros con absoluta confianza, apoyada en vuestro valor, que el obstinado ibero reduciría su dominación a los antiguos límites. Ha llegado un día de tanta gloria y ventura para la patria.

¡Mexicanos! por un camino de sangre, trazado en el pueblo de Dolores, marchasteis con denuedo a obtener el triunfo decisivo. Él os ha costado la vida de vuestros héroes, el sacrificio de víctimas sin número, la ruina y el incendio de vuestros hogares. *El despotismo se ahoga en un mar de sangre y de lágrimas.*

Veracruz, la ilustre Veracruz, apellidando la causa nacional, ha llevado esta obra grandiosa a su último complemento. Allí un puñado de valientes, luchando con el clima y con la muerte en todos sus aspectos, ha triunfado bajo los escombros de la heroica ciudad. Una página de luto y de horror conservará para siempre la memoria del invencible pueblo que desafió por sí solo, y destituido de los recursos de la guerra, a los últimos que osaran alimentar las esperanzas de la tiranía. Veracruz ha adquirido un renombre inmortal, que llevará su gloria a las extremidades de la tierra. Ella merece la gratitud nacional. Testigo fui de sus padecimientos sin límites. Los altos poderes de la nación los conocen. Veracruz debe esperarlo todo de su justificación y aprecio.

¡Compatriotas! Las providencias del Eterno hacen nacer un orden de cosas enteramente nuevo. Todas las llagas se cierran, las desconfianzas y los recelos no existen ya. Donde quiera que fijéis vuestra vista, allá aparecen hermanos y amigos. Todas las opiniones, todas las sectas y partidos se agrupan alrededor de la bandera nacional. Los temores sin motivo, y las sediciones sin esperanzas, no volverán a turbar el reposo de la gran familia. Las pasiones han muerto. La unión funda sus títulos en razones de interés común, sobre los desengaños, en los principios generosos, en la nobleza de vuestros pechos. ¡Desdichado el que sembrare la discordia! ¡Más desdichado el que rompa nuestros vínculos fraternales! La patria vengará sus injurias.

¡Mis amigos! Lo pasado pertenece al dominio de la historia; a vosotros toca aseguraros un porvenir de bendición y felicidad. Los tiempos se abrevian, y México se conducirá por vuestra mano al colmo de sus destinos. ¿Quién no empieza a ver hoy aumentos sin término de vuestro poder, de nuestro crédito y ventura?

México, dando una cara a la Europa y otra al Asia, presenta la riqueza de su seno virginal para el cambio, las relaciones y utilidades recíprocas. México, alzándose del fango de la esclavitud con la majestad de los pueblos libres antiguos y modernos, desarrolla un carácter sublime y augusto que la política ha sometido a sus cálculos, y los gabinetes a sus resoluciones. Abrumado el coloso español bajo su peso, cayó. Grandes pueblos nacieron del fondo de sus ruinas. México levanta la cabeza. El sentimiento de su dignidad ocupa el universo. Ésta es, compatriotas, la obra de vuestras manos.

¡Mis amigos! Al comunicaros esta nueva de importancia inexplicable, doy al pueblo la razón de mis afanes y de mis operaciones. Ahora que el éxito correspondió a mis votos, me glorío, y sea lícita la expansión de mi pecho, de que el año 1825 se acerca a su término, tan próspero y feliz como fue su principio. La nación puede cortar todavía laureles en un campo dilatado. Si los gabinetes de la Europa se reconcilian con las luces favoritas del siglo y acomodan su política a intereses tan solemnemente pronunciados en aquel continente, nosotros cultivaremos francas relaciones de paz y de amistad con todo el universo. *La gran República será no menos estimada y aplaudida por la riqueza de sus tierras, que por la equidad y benevolencia de los ciudadanos que la componen.* ¡Mexicanos! Una época se acerca de dicha inmensurable.

¡Gloria, compatriotas, al bizarro general que ha consumado los trabajos de cuatro años para la rendición de la fortaleza! ¡Gloria y honor a los valientes que allí han comprado este día de júbilo nacional con sus fatigas, su sangre y heroicos padecimientos! La patria, reconocida a tan distinguidos servicios, sabrá recompensarlos.

¡Conciudadanos! ¡Viva la República Mexicana!

México, 23 de noviembre de 1825.—*Guadalupe Victoria.*

El general Victoria al cerrar las sesiones extraordinarias

19 de diciembre de 1825

Señores:

Un deseo tan ardiente en vosotros como en mi pecho de que se perfeccionase el sistema y la organización de la República, os reunió a principios de agosto, después que fuisteis convocados a sesiones extraordinarias en uso de la facultad que me concede la

Constitución Federal y de acuerdo con el Consejo de Gobierno, para que deliberaseis sobre los negocios de alta importancia que señalé en cumplimiento del artículo 72 de nuestro Código.

En pocos días habéis analizado con ojo muy penetrante las relaciones de moral y de política que envuelven las materias sujetas a vuestra decisión. Si un anhelo o inquietud patriótica parecía demandaros la expedición de diferentes leyes, ella se satisface con la sabiduría de las que habéis dado, con el adelanto de trabajos que anuncian obras completas en el orden social y con la esperanza halagüeña de que pronto volveréis al ejercicio de vuestras augustas funciones, interrumpidas un breve espacio de tiempo para sólo marear el período constitucional.

Las Cámaras han manifestado designios y miras muy profundas en la discusión que prepara una ley orgánica para la Corte Suprema de Justicia. Se han desarrollado teorías luminosas que suponen el perfecto conocimiento del corazón del hombre. Se trata nada menos que de someter al fallo inexorable de la ley a los que ella misma colocó en los puestos más elevados de la República. Esa corporación ilustre reúne en su seno ciudadanos íntegros y patriotas; pero las leyes no consideran personas cuando establecen garantías. La sabiduría del legislador se extiende a todos los casos posibles: vosotros no dejaréis vacilante la vida, el honor y la propiedad del ciudadano. Vosotros salvaréis a la República en el santuario de la Ley.

El arreglo para la Administración de Justicia en el Distrito y Territorios de la Federación, cuya urgencia recomendé a las Cámaras, no tardará en derramar sus beneficios en los pueblos, que esperan todo de los altos poderes de la nación.

En esta parte jamás serán quiméricas las ideas de perfección: al hombre se debe irrevocablemente su seguridad y su reposo.

La deserción que arruina los ejércitos y ha plagado desgraciadamente el nuestro, porque las revoluciones producen males necesarios, ha excitado vuestro celo para que desaparezca de las filas de los hijos de la victoria.

La nación apetece con ansia el establecimiento de su crédito, la clasificación y liquidación de la deuda, que se afecten intereses a su pago y se difunda un principio vital en las capitales que animarán la industria: ella se lisonjea con la esperanza que habéis fundado de nivelarnos con los pueblos en que la confianza es el mejor apoyo de las instituciones.

Se aumenta incesantemente la confluencia de extranjeros a nuestro país, que se apresuran a visitarlo para cultivar relaciones de utilidad recíproca. Muchos han elegido una patria en este manantial de riqueza y abundancia, ofreciendo en garantía y recompensa sus capitales, su industria y sus sudores. Sea el especulador, sea el viajero, sea el colono infatigable, a todos se promete el amparo de leyes hospitalarias, que sabréis combinar con las precauciones que demande la seguridad del Estado. El mundo civilizado ha fijado la vista sobre estas medidas de salud en que brillarán a la par la generosidad y la previsión del Congreso mexicano.

La libertad de las prensas es de esencia vital en las naciones que se gobiernan por máximas y principios liberales; pero ella se acomoda a las circunstancias peculiares de los pueblos, porque el más y el menos en esta delicada materia son relativos a las creces de la ilustración y a las mejoras del sistema moral. Vosotros os habéis ocupado de un asunto el más grave para los hombres de Estado, y las ideas anunciadas y debatidas en la Cámara de Diputados prometen, sin dejar lugar a la duda, que saldrá de vuestras manos una ley eminentemente conciliadora de la libertad, con el orden y el reposo público.

El ejercicio del patronato en toda la Federación, este negocio que hacía más y más necesaria la especial atención del legislador, llamó la vuestra, y nada restará que desear a los pueblos tanto tiempo inciertos sobre la naturaleza de sus relaciones con la Silla Apostólica.

¿Para qué, señores, caminar con vosotros en los detalles de los afanes que habéis impedido en obsequio y bien de la patria? Apenas se citará una sola de las cuestiones marcadas en la convocatoria que no haya merecido de vosotros consideraciones importantes.

El Supremo Poder Ejecutivo depositado en mi persona por el sufragio de los pueblos que tanto han empeñado mi tierno reconocimiento os impondrá, en el tiempo que manda la ley, de sus tareas y de los resultados que han producido.

Os anticipo, señores, que mi voz excitará en vosotros sentimientos de júbilo, porque os gozáis en la felicidad y engrandecimiento de la República.

Ciudadanos diputados, ciudadanos senadores: La patria os reconoce el útil y glorioso empleo de vuestras luces y de su confianza.

AÑO 1826

El general Victoria, al abrirse las sesiones ordinarias del Congreso General

10 de enero de 1826

Señores:

Multiplicándose los sucesos prósperos de la patria más allá de lo que nos ofrecía la halagüeña perspectiva del año anterior; adquirida en todo su curso una consideración externa que ha satisfecho nuestras esperanzas, alimentándose su colmo, y la idea de una felicidad sin término en el desarrollo siempre progresivo de tantos recursos y elementos de poder y de grandeza que abundan en la nación afortunada; cosechado finalmente el fruto de quince años de trabajos y heroicas fatigas; México, al nivel de los pueblos grandes del universo, y prometiendo avances gigantescos en la carrera de la ilustración; este conjunto maravilloso desenvuelve el magnífico plan que trazó la Providencia, arreglando con sabia mano el orden, los medios y el complemento de los destinos de la República.

La augusta ceremonia que me ha rodeado, con inexplicable placer mío, de los representantes del ilustre pueblo mexicano, hoy que vuelven a entregarse a sus preciosas tareas legislativas, me conduce a presentar a las Cámaras y a la nación entera el bosquejo del año de 1825, que será marcado en nuestros fastos como el más abundante de los que pasaron hasta aquí, en favores que nos ha dispensado el Dios de la Naturaleza y de las sociedades. Cumplo al mismo tiempo con el grato deber de hacer públicos los actos de toda mi administración, entre tanto los secretarios del despacho llenan la obligación que la Constitución les impuso de dar cuenta al Congreso, al principio de cada año, del estado de los negocios en sus ramos respectivos.

El mes de enero del año que acabó ha merecido una grande celebridad, por haberse en él manifestado a los agentes diplomáticos reunidos en Londres la disposición en que se hallaba el Gobierno de S.M.B. de entrar en relaciones amigables y reconocer la independencia de los nuevos estados americanos. Este golpe decisivo de la profunda política del ministro inglés ha desconcertado los planes y las maquinaciones de los enemigos exteriores, sorprendiendo a los gabinetes de las potencias coligadas. Así se ha revelado el arcano de sus intenciones ulteriores y se les ha precisado a confesar que para más adelante renuncien a toda intervención de mano armada en los asuntos de las Américas insurreccionadas. Tratábase de extender y consagrar más acá del océano el absurdo principio de legitimidad y de arruinar en el Nuevo Mundo las ideas liberales. Protestas, actos reiterados, correspondencia misteriosa con la Corte de Madrid, todo esto conspiraba a fundar sospecha de que España, para salvar las reliquias de su dominación detestable, procuraría ser asistida por los ejércitos y la marina de otras naciones. La invasión de la Península, en 1823, encerraba el fatal designio de poner a Fernando VII expedito para emprender la reconquista de sus antiguas colonias. Proclamando a los españoles el generalísimo francés, quiso significar ser éstas las miras de su augusto tío.

Concédase a la nación británica el generoso sentimiento de volar al socorro de la causa de la razón, de la justicia y de la libertad, y de haber redimido a las Américas de los males y desastres de la guerra por la interposición de su tridente. Es tanto más lisonjera la deuda de nuestra gratitud, cuanto que la resolución del gabinete de St. James se ha apoyado en el voto unánime de los ingleses interesados en todas sus relaciones por el triunfo de la independencia americana. Una nación eminentemente industriosa, en la cual la política y el comercio dan vuelta sobre un eje, participa de los adelantos y estabilidad de otras naciones que poseen las materias, que el lujo y las costumbres han hecho necesarias. Acontecimiento de tamaña importancia ha abierto la puerta a la comunicación de dos mundos; y México, llamado por su feliz localidad a figurar notablemente en el nuevo orden de cosas, se envanece con la riqueza inagotable de su suelo. Nuestro agente en Londres disfruta desde entonces el rango de diplomático con que ha sido anunciado por nuestro Gobierno. En la capital de la República reside el encargado de Negocios de S.M.B., y, asociado a Mr. Morier, que arribó a Veracruz el 14 del mes anterior, entenderá dentro de breve en la conclusión de los tratados, que espero confiadamente llegarán a conciliar los intereses de ambas naciones. Las Cámaras, en desempeño de la facultad 13 del Congreso General, se ocuparán en sus sesiones de este grave negociado, que tiene suspensa la atención de Europa.

La Francia ha pronunciado solemnemente sus vivos deseos de afianzar sus relaciones mercantiles con ésta y las otras repúblicas de América, bajo garantías nacidas de su Gobierno. Será de apetecer, más bien para la utilidad de la Francia que para la del nuevo continente, que en su gabinete prevalezcan los clamores de esos franceses que anima siempre el amor de la gloria, y que solicitan con ansia un nuevo y rico mercado para dar salida a su abundante industria. Cualquiera que sea la verdadera faz del acto original en la diplomacia, por el que se ha reconocido la independencia de Haití, él ha justificado incontestablemente el derecho de insurrección en los pueblos y elevado el principio de la conveniencia del tiempo sobre el otro falso principio que no distingue a las sociedades de hombres de los rebaños de pastores. Sin temor de equivocarme, considero este hecho como un paso avanzado de la Francia que la conducirá gradualmente a imitar el glorioso ejemplo de su diestra rival. Este juicio se apoya recientemente en el acuerdo de la Corte de Versalles para enviarnos un agente de comercio y admitir otro autorizado por el Gobierno de la República. No es fuera del caso la observación de que esta misma marcha fue la de Inglaterra antes de consumar mis proyectos en el Nuevo Mundo. Por más que se quiera alejar el momento de una resolución definitiva por parte de la Francia, es cierto y de gran complacencia para los amigos de la humanidad, que sus actuales disposiciones no sean de modo alguno alarmantes contra la República.

El rey de los Países Bajos, descendiente de aquel Orange, ilustre propugnador de las libertades, que rige sus pueblos en equidad y justicia, ha reconocido un cónsul provisional de México, que funciona expeditamente en la nación que levantó sobre pantanos desecados el genio altivo y emprendedor de sus habitantes. Mr. D'Cuartel, comisionado del rey en la República, me expuso, a nombre de su Gobierno, la adhesión que profesaba a los principios filantrópicos de nuestra existencia.

El presidente del Consejo de Gobierno de Prusia ha comunicado el nombramiento de un agente comercial en la República, que se halla en esta capital de la Federación. Los progresos de la Compañía de Comercio del Rhin han empeñado, sin duda, al Gabinete de Berlín a abrir a su país esta senda desconocida para el centro de la Europa.

Algunos periódicos extranjeros han comunicado noticias satisfactorias de las intenciones de Suecia y Dinamarca; y si bien el Gobierno carece de datos y despachos oficiales para asegurarlo a las Cámaras, considera muy puesto en razón que dos potencias marítimas, que no se hallan al inmediato alcance de influjo extraño y pueden reemplazar algunos artículos del comercio que mantenía España, se apresuren a amistarse con las naciones americanas.

En la conducta del emperador de las Rusias no se descubren prevenciones hostiles contra la admirable revolución de las Américas; y como México es de todos los nuevos estados el que más se acerca a las posesiones rusas, tarde o temprano se establecerán comunicaciones con el Gobierno de San Petersburgo. Nuestra consideración se fija desde ahora en el memorable Ukase de 28 de septiembre de 1821, que prohíbe a los que no sean rusos todo comercio, pesca e industria con la islas y costas del N.O. de América, desde el estrecho de Behring hasta los 51 grados de latitud N., y en las islas Alcontinas y la costa oriental de la Siberia y las islas Curiles. Las reclamaciones de los Estados Unidos del Norte explicaron bastante lo que esta ley importaba a la soberanía del mar.

El Santo Padre, que reúne la doble investidura de soberano de Roma y de cabeza de la Iglesia católica, excita la veneración y ternura de los mexicanos que aspiran con ansia a relacionarse con el padre de los fieles en objetos exclusivamente religiosos y eclesiásticos. La benévola carta que me ha dirigido a 29 del último julio el Sr. León XII, manifiesta sus ideas de justicia, y hace creer que nuestro enviado, que llegó a Bruselas en agosto del año pasado, sea paternalmente recibido a tributar homenajes al legítimo sucesor de San Pedro.

Y viniendo a las naciones que habitan el feliz hemisferio de Colón, la justicia y la gratitud nos obligan a mencionar antes que a todas, a la más antigua de América y la primera del mundo civilizado que proclamó solemnemente nuestros derechos, después de habernos precedido en la heroica resolución de sacudir la dependencia de la metrópoli. Los Estados Unidos del Norte, modelo de virtud política y rectitud moral, progresan bajo el sistema de repúblicas federales que, adoptado entre nosotros por el acto más espontáneo de que hay memoria, nos nivela con la patria de Washington, robusteciendo la unión más íntima entre las dos naciones confinantes. Un ministro plenipotenciario de esta nación, acreditado cerca de nuestro Gobierno, es el comisionado para celebrar tratados que no tardarán en someterse a la deliberación de las Cámaras. Es demasiado urgente el arreglo definitivo de los límites de ambas naciones, y el Gobierno prepara trabajos que facilitarán la conclusión del negocio sobre las bases inalterables de franqueza y buena fe.

La República de Colombia, para identificar sus principios en paz y en guerra con la nuestra, concluyó un tratado de unión, liga y confederación perpetua, que, ratificado solemnemente, es el apoyo inviolable de la armonía de dos países amigos y aliados naturales. La escuadrilla de Colombia se hallaba pronta a darse a la vela para nuestras costas en cumplimiento de uno de los artículos de la convención; pero el Gobierno contempló innecesaria su venida, por los últimos sucesos de nuestras armas.

Las grandes victorias del presidente Bolívar en el Perú apresurarán su organización apetecida. La independencia de aquella República fue reconocida en tiempo del Protectorado del general

San Martín, y después no se ha presentado en México ministro caracterizado por alguno de los varios Gobiernos previsorios del Perú.

El jefe de las Provincias Unidas del Río de la Plata me ha protestado la amistad más firme y más cordial de aquella nación con la mexicana.

La República Chilena, no exenta de oscilaciones momentáneas, no podrá dilatar su comunicación más íntima y más frecuente con México.

En el año pasado han tenido lugar algunas contestaciones con la República del Centro, para salvar la integridad del Estado de las Chiapas, y el Gobierno, en consonancia con las intenciones del Congreso, dará la preferencia a los medios de paz y amistad, entre tanto sea posible que basten a garantir el decoro de la nación. Se halla nombrado un encargado de nuestros negocios en Guatemala, que marchará tan presto como obtenga la aprobación constitucional de la Cámara de Senadores.

No tardará en realizarse la suspirada unión de los representantes de todas las unciones americanas en Panamá para consolidar el pacto y la amistad más franca de la gran familia que, multiplicando los prodigios del valor y los esfuerzos de la constancia, rechazó para siempre el dominio español. Los plenipotenciarios de México se hallarán en el mar en todo el mes que hoy comienza. Felicito a las Cámaras y al continente americano por la aproximación de un suceso que recomendará la historia como el de mayor trascendencia que acaso podrá ocurrir en el siglo diecinueve.

Y volviendo la cara a la brillante situación del interior, nuevos e importantes triunfos han sublimado la gloria de la República. La escuadra española del Pacífico que entretenía las esperanzas del Gobierno de Madrid, aun después de la campaña de Ayacucho, capituló a 10 de mayo en Monterrey de las Californias, aumentándose nuestra marina con el navío «Asia», hoy «Congreso Mexicano», y el bergantín de guerra llamado «Constante». Es incalculable el valor de este hecho en lo político, y supone en lo moral consideraciones altamente honoríficas a México, que fue elegido entre todos los estados que dan frente al grande Océano, para recibir los últimos despojos del moribundo poder español en los mares de América.

Empeñada la generosidad de la República para con los desgraciados que adoptaban una nueva y mejorada patria, les ha pagado sus alcances al Gobierno español, que falta a todos sus empeños cuando demanda sacrificios.

Las Cámaras participan en este momento del gozo que me enajena, recordando que al cabo de cuatro años de tentativas y afanes inútiles para la rendición del famoso castillo de San Juan de Ulúa, ha abatido el pabellón que alzó Cortés en las aguas mexicanas. A resultado de las anticipadas combinaciones del Gobierno, del vigoroso asedio por mar y tierra, y del atrevido movimiento de nuestra marina sobre la del enemigo, que impulsó una mano diestra, ocuparon nuestras tropas, el 21 de noviembre, la posición que se apellidaba el *Gibraltar de América* que podía decirse *la llave de México,* y que conservaba a los enemigos jurados de la independencia a las puertas de la República. Un suceso de tanta magnitud, y que ha sido objeto de los más ardientes votos de los patriotas, bastaría a indemnizar a la nación de sus pérdidas en largos años de lucha, al lisonjear al Congreso y al Gobierno del logro de sus tareas encaminadas todas a beneficio de los Estados Unidos Mexicanos. La República se ha colocado en la altura de consideración que explican testimonios repetidos cada día, y *se ha impreso el último sello al triunfo de la gran causa de la libertad de América,* radicalmente identificado con la suerte de México. El Gobierno que ve sentado al Congreso Nacional en el trono de la justicia, reclama de su augusta munificencia las recompensas de que son merecedores los valientes soldados de la patria.

La Hacienda, que en todos los países es el barómetro de su riqueza y engrandecimiento, prepara un aumento, el más ventajoso de ingresos. La amortización de capitales ha infundido en los acreedores la confianza que constituye la magia de nuestros recursos. El crédito nacional en los mercados extranjeros adelanta a proporción que se observa nuestra religiosidad con las casas prestamistas. La de Barclay, Richardson y Compañía, de Londres, negoció ventajosamente el préstamo para que fue comisionada por la República. Dichosamente, se ha usado muy poco de él para gastos comunes. El apresto de buques, armamento, vestuario y remontas para el Ejército; recoger valiosas y productivas cosechas de tabaco;

amortizar parte muy respetable del préstamo contratado en 1823 con la casa inglesa de B. A. Goldsmith y Compañía, y el puntualísimo pago de dividendos de intereses y amortización ordinaria, han sido el objeto de su producto líquido, pero con la utilidad que se admira en el Ejército, en las creces de la Marina, en la adquisición de Ulúa, en la seguridad interior y exterior que disfrutamos y en otras mejoras. Satisfaciéndose la mitad de los productos de las Aduanas marítimas en ellas mismas y la otra en México, por acuerdo del Gobierno se han dado órdenes muy estrechas para que se deposite la mitad de aquéllos, que es la cuarta parte del total de su valor, en Veracruz, Alvarado, Pueblo Viejo de Tampico, Tampico de las Tamaulipas, Soto la Marina y Refugio, para emplearla religiosamente en el completo y pronto pago de dividendos y amortización ordinaria, sin necesidad de ocurrir para este empeño al resto del último empréstito que se halla en Londres a disposición del Gobierno.

El urgentísimo arreglo de aranceles marítimos imprimirá en el comercio el mayor impulso de que acaso necesita, y la balanza venidera mostrará ventajas, comparada con la de 1824 y aun con la de 1825, que será más general y perfecta. Las Aduanas Marítimas meses ha que caminan a su total organización y la tendrán sin duda por el plan designado al intento. Los estados de las Chiapas, Querétaro, Puebla, Tabasco y Yucatán han recibido los auxilios en numerario a que no alcanzan sus arbitrios del momento. Ellos se harán productivos y cesarán las remesas.

Los situados a Béjar, Coahuila, Chihuahua y Texas se han atendido oportunamente. A las Californias se enviaron socorros de toda especie. Los almacenes generales de la capital se hallan abastecidos con abundancia de vestuarios y armamento para el Ejército, lo que asegura su decente permanencia.

El comercio, canal de comunicación entre el que consume y el que produce, progresa de un modo superior a todo cálculo en los puntos litorales de México, y ni el monopolio ni la rivalidad han podido alterar los mercados. Empero la prosperidad del comercio exige una breve y cómoda circulación interior a que las Cámaras darán la última mano, considerando en su actual reunión el proyecto de caminos. Apenas se ofrecerá un asunto en que la opinión se haya expresado más terminantemente.

El sistema de Hacienda, adoptado por la soberanía de la nación, se ha planteado eficaz y cumplidamente por el ejecutivo. A beneficio de constantes esfuerzos y para colmo de nuestra ventura, puedo anticipar a las Cámaras el grato anuncio de que *es probable sean cubiertas las obligaciones del año que comienza con los productos naturales de nuestro suelo.* Aquiétense los pusilánimes que desconfiaron de los inmensos recursos de la naturaleza, del genio y de la industria en nuestra patria bienhadada.

El Ejército ha restablecido la moral, principio de su vida, y la disciplina ha adelantado en un año sobre toda ponderación, en los cuerpos de línea y también en los de milicia activa. La brillantez de los equipajes, la excelencia de las armas, contribuye en gran manera a equiparar nuestro Ejército con los mejores del mundo. Ha llegado a la República más de la mitad del cuantioso armamento encargado a Europa, y se está recibiendo paulatinamente el resto para llenar sobradamente las atenciones de la nación. Ella cuenta con la artillería necesaria para los puntos fortificados de las costas y servicio de campaña. En Perote se ha mandado formar un abundante depósito de municipios para resguardarlas de la intemperie de la costa del Norte y con otras miras de notoria conveniencia. A las compañías presidiales se les ha dado forma provisional, mientras las Cámaras resuelven la consulta de 23 de marzo último, cuidando de proveerlas de vestuario, armamento y municiones para imponer a las tribus no civilizadas. La de indios yaquis en la alta Sonora se alzó, cometiendo algunos asesinatos; pero la actividad del jefe militar y de las autoridades políticas la han puesto en disposición de pedir la paz y de evitarse la repetición de semejantes atentados. El Congreso, acordando medidas análogas a sus sentimientos filantrópicos y a la compasión que inspiran esos desgraciados individuos de la raza humana, les facilitará los goces sociales, ahuyentando para siempre la bárbara política del gobierno español, que por reglamentos impresos y circulados a los jefes militares de aquellas fronteras *mandaba provocar la guerra para conseguir la destrucción.* El Gobierno ha procurado atraer a los caudillos por todos los medios de paz y lenidad,

y la espada no se desenvainará si no es para castigar sublevaciones.
Los puntos de aproximación al enemigo se han resguardado con el
oportuno envío de tropas. El estado de defensa en Yucatán es muy
respetable, y el Gobierno, por su inmediación a Cuba, se ha empeñado en atenderlo. No están por demás las precauciones, aun en el
caso de que sea evidente la impotencia física y moral del enemigo.
Los menoscabos y descomposiciones de la importante fortaleza de
San Juan de Ulúa han comenzado a repararse, a fin de que el primer puerto de la República en el océano se mantenga en perfecta
seguridad. Nuestra Armada, después de haber hecho su deber en la
rendición de Ulúa, se halla expedita para guardar nuestras costas de
las incursiones de los piratas y contrabandistas. Buques de alto bordo que se esperan, aumentarán sus fuerzas brevemente y protegerán
el comercio en el golfo mexicano, teniendo iguales atenciones dos
bergantines de guerra y una goleta en el mar del Sur. La correspondencia con Californias, que estaba paralizada por falta de buques,
ha vuelto a tomar incremento con dos goletas correos, construidas
en San Blas. El navío «Congreso Mexicano», en estado de armamento, zarpará de Acapulco dentro de un mes, a más tardar, para el
mar del Norte, donde prestará los útiles servicios que la nación le
confiera.

Encargado el Supremo Poder Ejecutivo de vigilar la pronta y
cumplida Administración de Justicia en la Federación, ha dirigido
sus conatos a que las leyes existentes a favor de la propiedad, del honor y la vida de todos los ciudadanos no sean brillantes quimeras,
ni los juicios otras tantas redes para el inocente, o el fundamento de
la impunidad de los culpados. Las Cámaras conocen hasta dónde se
extiende el resorte del Gobierno y la generalidad con que afecta esta
parte complicada de la organización social. Hay trabajos del Congreso
para que el alto Poder Judicial emprenda su marcha; los adelanta-
dos para el arreglo de la Administración, en el distrito y territorios
de la Federación, acabarán de afianzar a los beneméritos ciudadanos que los componen las inestimables garantías del hombre en sociedad. Examinadas las constituciones publicadas en los estados, se
advierte el tino y circunspección con que las legislaturas han establecido las bases en este ramo, bajo las formas de la Constitución

general y los principios luminosos de la ciencia de su legislación. Son asombrosos los progresos de la moral en la República, y ellos testimonian no menos el carácter dulce y suavísima índole de los mexicanos, que la regularidad de las instituciones adoptadas y su analogía con las costumbres nacionales. Los ladrones y forajidos acosados en los estados se habían refugiado en la gran capital, y a merced de su numerosa población perpetraban en las sombras de la noche y aun a la luz del mediodía sus infames atentados. Ellos excitaron la energía del Gobierno, que ayudado por la saludable ley de 3 de octubre, ha logrado hacer desaparecer los crímenes, castigarlos y prevenirlos. El jurado para los delitos atroces, ensayado en el Distrito Federal, podría conducirnos al agradable descubrimiento de haber llegado la República al estado de perfección que supone este género de juicios.

La ilustración se difunde por todas las clases de la sociedad. El Gobierno se complace en la mejora de los establecimientos de educación, en la formación de otros y en el empeño que se manifiesta por hacer inextinguibles las luces en el pueblo. Una reunión escogida de ciudadanos amantes de la gloria de la patria, concibió y ha realizado el designio de crear en la capital un instituto para la perfección de las ciencias, de la literatura y artes. El Ejecutivo aprobó los estatutos y ocurrió a las Cámaras para el señalamiento de fondos. La Academia de San Carlos tiene abiertas las puertas a la formación del buen gusto en las artes, que sirven a la comodidad de la vida. Ha empezado a formarse el Museo Nacional, que será el depósito de lo más raro y precioso de nuestro suelo, para la ilustración del joven aplicado y la admiración del viajero. En los estados se crean colegios para el estudio de las ciencias físicas y morales, comprendiendo la Economía, la Legislación y los demás conocimientos que volvió exóticos para nosotros la pusilanimidad de la Administración española. Multiplícanse las escuelas de primeras letras, y se va generalizando el sistema de Lancáster por las tareas de la compañía de México, auxiliada por el Gobierno. Varias sociedades y academias secundan el movimiento rápido de la ilustración. Los más de los estados han adquirido imprentas, y el libre pensamiento del mexicano hace sudar las prensas hasta en los confines de la República. El

Gobierno se ocupa en meditar un plan extenso de educación, que merecerá de las Cámaras la atención que reclama la primera de sus facultades exclusivas.

El laboreo de minas ha dado empleo a crecidos capitales extranjeros, ha vivificado la población del interior y animado su agricultura y comercio. La ociosidad ha desaparecido, los brazos hallan ocupaciones útiles y reviven las esperanzas de familias que de la opulencia pasaron a la última mendicidad. Una noble competencia reina en los ingenios de moneda y la circulación de los signos de valor se aumentará a la par que la riqueza pública. La introducción de máquinas para el beneficio de los metales, la venida de artistas consumados difundirán aquí las luces que se envidiaban a la Europa. Mi imaginación apenas alcanza el colmo de felicidades que se preparan a la patria.

La industria, que secundariamente pertenece al fondo de nuestros recursos, mejora visiblemente; fábricas de papel, ferrerías, hornos de vidrio, hilanderías de algodón; todo esto comprueba la actividad y el genio emprendedor de los mexicanos.

Aunque hasta ahora aparece como problemática la comunicación de los dos mares por el istmo de Tehuantepec mediante la apertura de un canal, ha desaparecido toda duda sobre la facilidad de abrir cortos y muy buenos caminos carreteros para el comercio del mundo. La expedición que el Gobierno mandó a aquel país ha regresado confirmando estas noticias y dejando satisfechos en gran parte sus designios. El secretario de Estado y del despacho de Relaciones detallará a las Cámaras los incansables afanes del Gobierno para no dejar un solo vacío en los importantes objetos de la creación, fomento y adelanto de la organización interior.

Permítaseme distraer a las Cámaras en esta serie no interrumpida de prosperidades, con el triste recuerdo de las víctimas que ha arrebatado la peste, segando las cabezas de la niñez y de la tierna juventud. El Gobierno ha visitado las mansiones del dolor, y sus auxilios se reprodujeron tanto como los males y sus lamentables efectos que felizmente no existen ya.

Mas un consuelo sin límites nos fija nuevamente en el desarrollo del germen de nuestras libertades, que, formando por instantes un árbol fecundo y lozano, extiende los elementos de vida en el Cuerpo Federativo. Un año ha que se lamentaban de nuestra suerte los que nos infirieron el tamaño agravio de suponernos incapaces de ser regidos por el sublime de los sistemas conocidos. El Código de la nación se reputaba una teoría vana en sí misma, y que el desengaño vendría a ser su último resultado. Creíase que nuestros legisladores, destituidos de previsión, o arrebatados, si se quiere, de un torrente de ideas peligrosas, envolvían a los pueblos en los desastres de la anarquía cuando les llamaban a la perfección social. Los mexicanos, connaturalizados con lo bueno, lo grande y lo perfecto, burlaron estos vaticinios de la ignorancia y tal vez de la mala fe. El contento universal, la adhesión a las leyes, el respeto a las máximas conservadoras de nuestra existencia política, todo, todo viene en apoyo de la sabiduría y del profundo cálculo de los legisladores mexicanos.

La patria coronada de gloria ostenta a la presencia del universo, que abriga en su seno la paz, la filantropía y las virtudes. Desde este punto la vemos remontar su nombre a los siglos distantes, con la majestad de sus principios y la inmensidad de sus recursos. Las Cámaras del Congreso General Mexicano, en la plenitud de su poder, llevarán a su complemento la grandeza y felicidad de la República.

El general Victoria, al abrirse las sesiones extraordinarias

15 de septiembre de 1826

¡CIUDADANOS DIPUTADOS! ¡CIUDADANOS SENADORES!

He usado de la facultad que la Constitución me confiere para convocar al Congreso a sesiones extraordinarias, previas las circunstancias que ella misma señala en el artículo 116.

Estáis reunidos para dedicar vuestra atención a objetos de preferencia, entre muchos que atraen las miradas del legislador. La mano lenta del tiempo perfecciona las obras de la sabiduría; y si os hubiera sido posible consumar en los dos períodos de la existencia constitucional de las Cámaras todo lo que falta para que sea expedita la marcha de la República, ella no os demandara nuevos trabajos, nuevos afanes y desvelos. Al desarrollarse los elementos en la sociedad, van apareciendo las necesidades cuando se multiplican los goces. Lleváis, señores, por la mano a esta joven República, que exige de los depositarios de su voluntad oráculos de justicia y el fallo sobre su suerte futura.

Ella depende del Crédito Público, de esta base en la que descansan las naciones. El mundo civilizado fija los ojos en los prudentes legisladores de México. La buena fe en los contratos, las garantías de las promesas son los vínculos de la amistad y la armonía de unos pueblos con otros.

De todas las leyes necesarias para el final arreglo de la Hacienda, la de Aranceles de Comercio es la más urgente; porque esta ley afecta intereses de primer orden, porque ella conviene no sólo a nosotros: conviene y pertenece al universo.

Serán sometidos a la deliberación del Congreso los tratados celebrados y concluidos por el Gobierno con las naciones extranjeras. El Ejecutivo examina ahora con el mayor detenimiento los pactos de la Gran Asamblea Americana en Panamá.

La agricultura, el comercio y la industria están pidiendo mejoras en los caminos, que ninguna comodidad proporcionan hoy al negociante y al viajero.

La deserción en un ejército debe cortarse como un cáncer, y se palpa ya la ineficacia y complicación de las leyes vigentes. El Ejecutivo recomienda muy particularmente este grave asunto, porque el Ejército es el más firme apoyo de nuestra independencia. Se deja en estado de acefalismo la Justicia Militar, entre tanto no se arreglen las atribuciones del Supremo Tribunal de la Guerra, que conoce igualmente de los negocios de la Marina. La milicia activa, ese muro de las libertades públicas, reclama imperiosamente la última mano sobre su organización.

Las asesorías de las comandancias generales, compañías veteranas de las costas, bagajes y todo lo necesario para la seguridad y defensa de la nación ocuparán a las Cámaras. Ellas perfeccionarán la

Administración de Justicia en la Federación, en lo que toca a la primera instancia.

Es muy importante que sea señalada la dotación de agentes del Gobierno en los países extranjeros. Este vacío produce embarazos que deben removerse, obsequiando el mejor servicio a la República.

La aprobación o reforma de los presupuestos del año, con sus incidentes, se tomarán en consideración; y la merece muy especial el punto pendiente sobre si el Distrito Federal ha de tener o no senadores en el Congreso de la Unión. Es notable la falta de un plan de instrucción pública. Las luces sirven a la existencia de las naciones, las engrandecen y las conservan. Unifórmese la enseñanza y conózcanse todas las ciencias y las artes que ennoblecen al hombre y lo hacen partícipe en las funciones de la vida social.

Funcionando el Congreso como legislatura del distrito, aprobará el presupuesto de los gastos para que, variándose el local de la cárcel de México, le combine la seguridad y salud de los delincuentes.

Sabéis ya, conciudadanos, por un golpe de vista, los graves negocios que pondrán en ejercicio vuestras luces y vuestro celo incansable por la prosperidad nacional. Entregaos a vuestras tareas bien satisfechos, porque os aseguro que la patria, adelantando su reputación externa, medra sin límites a la benéfica sombra de nuestras instituciones republicanas.

El general Victoria al cerrarse las sesiones extraordinarias

27 de diciembre de 1826

CIUDADANOS REPRESENTANTES Y SENADORES:

Al cerrar este día las sesiones extraordinarias para que fuisteis convocados en uso de la facultad que la Constitución me atribuye, debo felicitarme, porque habéis correspondido a los deseos y esperanzas de la patria. Si no habéis podido extender vuestra consideración a todos los puntos de la convocatoria, ha sido porque algunos de ellos han absorbido vuestro tiempo con la detenida meditación y examen que han demandado. Empero dictasteis resoluciones importantes y habéis dejado preparadas a vuestros dignos sucesores.

Al autorizar al Ejecutivo para contratar la apertura o mejora de caminos, habéis dado un paso que debe influir eternamente en el fomento de la riqueza y prosperidad de la República. Por el influjo benéfico de esta ley se aumentará la circulación de los capitales y con ella duplicará nuestro suelo sus inagotables tesoros.

Con el decreto del 16 de octubre habéis continuado vuestros trabajos para la organización del Estado.

La ley del 30 de noviembre ha extirpado un mal que la revolución y la guerra habían continuado. Al disponer de medios de transporte para los cuerpos del Ejército y abolir la carga odiosa de bagajes, habéis esforzado las garantías individuales, quitado trabado al tráfico vivificador y puesto en armonía el orden y la libertad. Esta ley que reclamaban la justicia y la sabiduría atrae sobre vosotros la bendición de los pueblos.

El indulto concedido a las tribus sublevadas en Sonora es un testimonio de vuestra previsión y filantropía. Esta gracia hará que tornen a su deber esos hombres y eviten el abismo de mísera o la destrucción absoluta a que nos precipita su infatuación lastimosa. El Gobierno ha tomado medidas enérgicas para cortar el mal, y vuestra humanidad será el bálsamo que cure finalmente las heridas de aquel Estado.

El arreglo necesario de la Administración de Justicia ha llamado también vuestro celo y habéis discutido y preparado trabajos importantes en sus diversos ramos.

También os habéis ocupado en el arreglo de Aranceles, tan esencial a la organización definitiva de las rentas de la República.

La atención que habéis consagrado a varios puntos relativos a la seguridad y tranquilidad públicas, es un testimonio más de vuestro celoso patriotismo.

Representantes del pueblo: con el placer más puro os recuerdo que este acto solemne va a terminar felizmente un período constitucional. El primer Congreso reunido conforme a la ley fundamental de la nación cierra hoy sus sesiones y entrega a nuevas manos el augusto encargo de representar al gran pueblo al que pertenecemos. En todo este tiempo las leyes se han obedecido en toda la extensión de nuestro vasto territorio: los enemigos de la República han sido expulsados de la roca en que abrigaban su desesperación y sus furores; y la República, respetada y grande en lo exterior, recibe señales positivas de consideración y aprecio de los mismos gabinetes que se suponían enemigos de nuestra restauración gloriosa. En lo interior, parece que se levanta una nueva creación. Extended la vista alrededor de vosotros: por cualquier rumbo que volváis a vuestros hogares, el espectáculo que se os ofrezca será de más elocuencia que mis palabras, para excitaros a dirigir la más tierna gratitud al cielo por los días de gloria que nos ha dado. Los estragos de la revolución han desaparecido, las fuentes de la riqueza pública se abren de nuevo y las relaciones que estrechamos cada día más con otros pueblos que nos han precedido en la carrera de la civilización, desenvuelven las energías ocultas en nuestro suelo. La marcha majestuosa de nuestras instituciones ha resuelto el problema de su practicabilidad. ¡Conciudadanos! Los que os sucedan en el futuro legislen con igual dicha y acierto, y salgan del santuario de las leyes entre las bendiciones de la abundancia y de la paz, y las miradas benignas del cielo.

AÑO 1828

El general Victoria al abrir las sesiones ordinarias de las Cámaras de la Unión

1 de enero de 1828

Ciudadanos representantes y senadores del Congreso de la Unión:

Las naciones cuya existencia es moderna tienen que luchar con los hábitos y preocupaciones antiguas, con los esfuerzos de los partidarios del sistema derrocado y a veces con el entusiasmo que fácilmente genera la confusión y el desorden. Después de dos años en que los Estados Unidos Mexicanos aparecían exentos de los males que de tiempo en tiempo afligen a los pueblos más privilegiados del globo; después de que se les consideraba por lo menos confiados en la estabilidad de su suerte, libres para siempre de ocultos enemigos que minasen el edificio de sus libertades, se descubre de repente una conspiración tramada por españoles con el pérfido designio de volver a nuestra joven República a las cadenas de la esclavitud. El Ejecutivo, que previó desde luego las consecuencias de este suceso, empleó los medios que se hallaron en su arbitrio, conforme al tenor y espíritu de las leyes para el descubrimiento de los cómplices y castigo ejemplar de los culpados. Los tribunales que han conocido por su instituto en esta causa memorable han correspondido fielmente a sus obligaciones y a las esperanzas del Gobierno. La complicación de las leyes, que no ha sido posible metodizar, demoró la conclusión de los juicios que más debieron distinguirse en ejecución y prontitud. El Ejecutivo observaba con sentimiento, que este motivo, unido a otros que no dependían de su buen celo hacer que desapareciesen, contribuía a crear y difundir alarmas y desconfianzas. Notorios son los sucesos posteriores que conocerá el mundo civilizado, a la par que las medidas de salud, dictadas con tanta oportunidad como sabiduría por los legítimos representantes de la nación. Sus deseos han sido satisfechos hasta los límites de lo justo.

Falta, sin embargo, para que se consume la obra que inmortalizará al segundo Congreso Constitucional de la República, que ponga en cadenas a la anarquía y que se regularice el precioso derecho de petición, cuyo uso es de vida para los pueblos y que, fuera de la prudencia y de la razón, es capaz de conducirlos a su disolución y ruina.

El Gobierno, escudado con la ley, sostendrá a toda costa la voluntad de los mandatarios del pueblo soberano. El Ejecutivo, que tantos testimonios ha reproducido de su moderación y lenidad, los dará, señores, de inexorable firmeza y energía, para restituir a la sociedad su completo reposo.

Las turbulencias de Durango que comenzaron en agosto de 1826, cuando se discutía el asunto de elecciones de su legislatura, incrementaron hasta el extremo de que en marzo del último año una pequeña parte de la fuerza armada de la República se pronunciase abiertamente por el cumplimiento del artículo de la ley que reglamenta las elecciones en aquel Estado. El decreto de 24 del mismo marzo expedido por el Congreso General, y las activas disposiciones del Ejecutivo restablecieron el orden en aquella parte de la Federación, digna ciertamente de disfrutar de todos los beneficios de nuestro sistema de gobierno.

Largo tiempo se conmovió el Estado de Sonora y Sinaloa sobre el lugar en que conviniera fijar la residencia de sus supremos poderes, y últimamente ha sido designado por su legislatura con este objeto el mineral de los Álamos.

Si desgraciadamente algunas fracciones del Ejército se han mezclado en los disturbios de algunos otros puntos, es preciso confesar que a la voz del Gobierno han vuelto a sus deberes con una ejemplar docilidad, que supone la conservación del principio de obediencia a las leyes, que tanto caracteriza y recomienda al soldado mexicano. El Gobierno procurará con esfuerzo que desaparezcan las pequeñas alteraciones de la disciplina. El Ejército sigue perfectamente armado, municionado y vestido.

El ramo de ingenieros llegará ahora a su completa organización por la Ley de 5 de noviembre último, y el Ejecutivo cuidará de emplear en este cuerpo sujetos idóneos y que sufran precisamente el más riguroso examen.

Dictadas las resoluciones pendientes sobre el Estado Mayor General, reemplazos del Ejército, desertores, tribunal de guerra y marina, ayudantes de caballería, arreglo de milicia activa, montepío de viudas, recomposición de fortalezas, colegio militar, asesores de las comandancias y otros varios, cuyas leyes definitivas son tan importantes para el total arreglo de los ramos diversos del Ejército, estima el Gobierno que obtendrá aquél todo su auge y esplendor.

La marina militar permaneció ocho meses en las aguas de la isla de Cuba a vista de fuerzas superiores enemigas y causando daños considerables a su comercio. Para el completo arreglo y método uniforme de este arma interesantísima, mientras dure la guerra con España, es urgentísima la resolución de las consultas que a este fin ha elevado a las Cámaras el Gobierno.

El reglamento de corso exige igualmente la resolución que tenga a bien dictar el Congreso General para allanar legalmente la sustanciación de presas que hagan los buques de guerra y los armadores.

El Ejecutivo presentará al Congreso, en las sesiones que comienzan, la correspondiente iniciativa para la más rigurosa policía y buen servicio de los puertos habilitados.

Los gastos extraordinarios que demanda nuestro estado de guerra con España exigirán que se aumenten los ingresos del Erario sobre los que hasta ahora están calculados; y por tanto recomiendo a las Cámaras el que apliquen toda su atención a un negocio de natural preferencia e identificado por otra parte con el sostenimiento del orden y defensa de las instituciones juradas. El arreglo de las comisarías generales, el importe de la Tesorería General y aduanas marítimas, sobre los que tenéis ya preparados tantos trabajos, facilitarán un resultado a todas luces perentorio. El Congreso no olvidará que la prosperidad de la Hacienda es la regla por donde se calcula la prosperidad pública. Inmensos son los recursos de la nación mexicana. Vosotros, señores, la libraréis de empeños que han sido indispensables en diferentes circunstancias, sistemando las rentas y adoptando las economías posibles.

Reservada al Congreso General la facultad de dar instrucciones para celebrar concordatos con la Silla Apostólica, aprobarlos para su ratificación y arreglar el ejercicio del Patronato en toda la República, ha ocupado tan grave negocio a los congresos y gobiernos establecidos desde que se proclamó la independencia de nuestro país, dando los unos y los otros en sus asiduas tareas el más relevante testimonio del aprecio que les ha merecido la Iglesia mexicana. Las instrucciones para nuestro enviado a Roma y el arreglo del Patronato merecieron de los congresos una justa preferencia, y después de una discusión la más libre y general, el Senado, en las sesiones extraordinarias que acaban de terminarse, aprobando las instrucciones que había votado la Cámara de Diputados, expeditó este tan difícil negociado. El Gobierno, que tiene como siempre el mayor interés por el más pronto curso de las cosas eclesiásticas, ha tomado y continúa tomando las medidas conducentes para lograr el fin de sus deseos.

La Iglesia mexicana, tan digna de consideración del Ejecutivo y de las Cámaras, reclama la protección que la Constitución le ha ofrecido sobre puntos que dependen del Congreso, y que desenvolverá en su Memoria y por otros medios el secretario respectivo del ramo.

El Ejecutivo, en su iniciativa de 20 de abril, ha procurado la perfección de los tribunales de los Estados Unidos Mexicanos: en ella se presentaron las aclaraciones que ha parecido necesarias a la ley de 20 de mayo de 1826, comprendiendo todos los casos que la experiencia ha ofrecido a la observación, después de que el Gobierno se ha ocupado con celo y empeño en el establecimiento de dichos tribunales. Debía, así mismo, resolverse sobre el aumento de sueldo para varios jueces y promotores que el Gobierno ha considerado justo y equitativo, atendiendo a la extensión y calidad de su trabajo, a las privaciones y sacrificios a que se sujetan por la insalubridad y penurias de los países en que residen, y necesario también para estímulo de unos ciudadanos que sin estas penalidades e inconvenientes pueden asegurar su bienestar.

La misión a Europa del plenipotenciario de la República, C. Sebastián Camacho, produjo los más importantes resultados.

Se concluyeron tan felizmente como podrían apetecer los amantes sinceros del engrandecimiento de la patria, los tratados de amistad, navegación y comercio con S. M. el Rey de Inglaterra y con S. M. el Rey de los Países Bajos. Unos y otros han recibido la aprobación del Congreso, que conocerá tan pronto como termine el examen del Gobierno las negociaciones que celebró el ministro con los gobiernos de Francia, Prusia, Dinamarca, Hannóver y Ciudades Anseáticas.

Las relaciones con Inglaterra se han hecho más íntimas y cordiales, sin embargo de que la causa de la libertad de América ha sufrido una gran pérdida con la sensible muerte del honorable señor Jorge Canning.

El Gobierno de Francia ha acreditado en debida forma un cónsul en Jalapa y Veracruz y lo ha encargado provisionalmente del Consulado General en la capital. Se le ha reconocido con esta doble investidura y se halla en el pleno ejercicio de sus funciones, así como los agentes comerciales subalternos que ha nombrado para diferentes puntos de la República. Nuestros agentes comerciales, superior y subalternos, en Francia, continúan ejerciendo ampliamente las suyas. Se ha tratado ya por parte de aquel Gobierno de fomentar las relaciones directas entre ambas naciones, estableciendo paquetes mensuales por cuenta de los particulares interesados en el comercio. Espero avisos de nuestro agente sobre los términos en que este asunto se haya concluido.

El Gobierno de los Países Bajos ha acreditado un cónsul general y otros subalternos, cuyas patentes se han cumplimentado debidamente. El Gobierno de aquella nación ilustrada y filantrópica se ha propuesto admitir en forma al encargado de Negocios de los Estados Unidos Mexicanos tan luego como llegue a su conocimiento la ratificación del tratado, y hasta ahora se le ha recibido como agente confidencial.

Las Ciudades Anseáticas de Hamburgo y Bremen han acreditado un cónsul general. La patente de Hamburgo ha obtenido el *Exequátur,* por haberse hallado en forma; y la de Bremen aún no lo recibe, por no haber allanado todavía los reparos que se han hecho en un punto a su redacción.

El Gobierno de Hannóver ha nombrado ya un cónsul general para residir en la República; y su patente obtendrá el correspondiente *Exequátur* siempre que se encuentre, como es de esperar, en la forma de estilo.

El gobernador de las Antillas Danesas nombró un cónsul para México; pero el Gobierno se vio privado de la complacencia de otorgarle su *Exequátur,* y lo manifestó en contestación a dicho gobierno, augurándole que si Dinamarca no pulsa embarazo en acreditar directamente y en debida forma al individuo a quien eligiese para representar sus intereses, será franca y solemnemente admitido al ejercicio de sus funciones.

Ninguna alteración han padecido las naturales relaciones de nuestra República con las otras del continente americano. Ellas se consolidarán, señores, si otorgáis a los tratados de liga, unión y confederación perpetua entre varias potencias del Nuevo Mundo, la preferencia que debidamente os recomiendo.

En tiempo de convulsiones la fuerza que obra en los Estados para su engrandecimiento se limita a procurar su conservación. Así que, en el curso del año que acabó se ha retardado algunos progresos que lograremos sin duda por medio de la paz que el Ejecutivo contempla absolutamente necesaria al bien de los Estados Unidos Mexicanos, y que afianzará empleando todo su poder y en desempeño de la más preferente de sus atenciones.

¡Ciudadanos! Si la patria, cuya existencia es el fruto de largos padecimientos y sacrificios, reclama vuestro auxilio en días de apuros, la patria será por vosotros salva, grande y feliz.—*Dije.*

AÑO 1829

El general Victoria, en la apertura de las sesiones ordinarias del Congreso General

1 de enero de 1829

Ciudadanos de las cámaras del Congreso de la Unión:
Grandes sucesos, acontecimientos que fijarán época en la serie de los siglos, han pasado en la República. El espíritu de partido hizo aparecer pretensiones opuestas, tan comunes en los pueblos que han sentido los horrores de una guerra prolongada y atroz.

Al dar principio el año anterior, se intentó el sacudimiento del edificio social. La opinión, entonces, triunfó de los esfuerzos de una facción moribunda. Agitada, sin embargo, la nación, con la vehemencia que se agitan las pasiones de los pueblos, las convulsiones se sucedían unas a otras.

En medio del choque de intereses, en medio del ruido de tantas voces de alarma, la voz del Gobierno apenas se escuchaba en tales momentos. Cuando el pueblo salta sus barreras, casi ningún esfuerzo es bastante poderoso para detenerlo. No me asombro, señores, de que en nuestro aprendizaje corramos los riesgos de que ninguna nación del globo se ha librado en la infancia de la civilización. Nuestro pueblo, aun en sus lamentables extravíos, conserva por su pacto y por sus leyes una adhesión constante y profunda.

Perdidas se creían todas las esperanzas en el último mes de diciembre. Grandes fueron los choques y grandes las heridas que recibió en su seno la cara patria. Yo no debí vacilar, yo no desmayé en tan grave conflicto.

Cuando los mexicanos me colocaron al frente de sus destinos exigieron de mí sacrificios enormes, sin reservar, en caso necesario, aun el de mi reputación personal. ¿Cómo abandonar a la nación en los momentos más penosos de su angustia? ¿Cómo abandonar a la representación nacional en medio del peligro? Era la primera de mis obligaciones salvar la unidad, salvar la integridad de la nación mexicana y evitar, sobre todo, la inmensidad de males que de otra suerte hubieran sobrevenido. Los hijos de la gran familia me invocaban como a su padre. Jefe soy de la República: sálvese ella y salvos son los elementos primordiales de la organización social.

Mis conatos, mis más vivas diligencias, se dirigieron a la reunión del Supremo Poder Legislativo. Con un placer inmenso obtuve este resultado. La patria bendecirá en todos los días de su existencia a aquellos firmes y virtuosos representantes que no abandonaron ni sus asientos en el templo de las leyes, ni sus deberes como padres del pueblo. Éste es, conciudadanos, el primer servicio que os demandaba; gozaos en la satisfacción más pura e inextinguible, en la que produce la conservación de la República.

No es extraño que al llegar a los estados las noticias enviadas de la capital sobre las ocurrencias de los primeros días de diciembre se alarmasen los que conceptuaron oprimidos a los Supremos Poderes de la Unión. Extraño sería sí, el que algunas autoridades continuasen desobedeciendo al Supremo Gobierno, aun después de dejarse ver a toda luz los sucesos. Dígase lo que se quiera, el Gobierno ha sostenido su dignidad, y en el catálogo de sus deberes ha obsequiado al más importante, al privilegiado de todos, la salud pública.

El presidente ha sido libre cuando todos sus pasos no se han dirigido a otro objeto que a la desaparición del amago de la guerra civil. Protesto a la faz de la nación que conoce la fuerza de mis principios, y a la presencia de los mexicanos, que jamás me han visto ceder al temor, aun en los extremos apuros; y porque mi pecho era como convenía que fuese, el escudo y la defensa de la Constitución y las leyes patrias.

Ahora que se continúa la obra, al Congreso corresponde el restablecer la armonía de los estados con el centro de unión, la armonía de los estados entre sí, la buena y cordial correspondencia de los ciudadanos. Que entiendan todos que el verdadero e inequívoco amor a la patria se explica y manifiesta por la más tenaz y estrecha adhesión al sistema federal; la única áncora que puede salvar al Estado en sus borrascas. Que entiendan, que la fraternidad federal es aquella que, haciendo de los estados una familia, los estrecha con el Gobierno paternal y supremo. Que entiendan todos que el celo y adhesión por el Gobierno es un deber en todos tiempos y circunstancias, y que si se entibian o disminuyen por cualquier título especioso, la federación se pierde, la independencia peligra. El Congreso, pues, en desempeño de la segunda de sus peculiares e importantes atribuciones pondrá término a las convulsiones, obsequiando la voluntad nacional. Hará, señores, que aparezca la paz pública, la quietud de las familias, la dulce y suspirada reconciliación general de los mexicanos.

Por la Memoria de Hacienda, quedarán plenamente instruidas las Cámaras de los valores y distribución en el último año económico fenecido en 30 de junio de 1828; del descubierto en que las rentas federales han quedado y de su causa.

Tan poco gratos resultados han sido efecto necesario de las cuestiones políticas a que se afectan inmediatamente los ingresos del erario, cuya prosperidad o decadencia sigue inmediatamente los pasos de la del comercio, agricultura y minería.

Estos canales de la riqueza pública han padecido quebrantos de consideración, y es obra de sabiduría de las Cámaras el restablecimiento de la confianza que debe proporcionar el progreso futuro de su giro.

Las necesidades del erario público reclaman la preferente atención del Congreso, a cuya previsión sería muy útil exponer la gravedad de los males en que la República se abismaría, si continuase la insuficiencia de su erario para dar cumplimiento a las atenciones de su empeño.

El Gobierno ha manifestado muy por extenso, a las Cámaras de la anterior legislatura, la verdadera situación del erario federal: nada le quedó que hacer, y yo debo recomendar a las de la presente el que se sirvan llamar a su vista las representaciones dirigidas con aquel fin, pero con especialidad las de 22 de marzo, 9 de mayo y 25 de noviembre últimos, que se refieren a diferentes obstáculos que la práctica ha hecho palpables en la observancia del nuevo arancel de aduanas marítimas; las de 25 de agosto, 20 de septiembre, 30 y 31 de octubre del último año, en que se demuestran las urgencias del tesoro y los ingresos con que cuenta, y otras muchas en que se manifiesta el deficiente, con los recursos que pudieran llenarlo.

Por las iniciativas que hizo el Gobierno, se ocupó la legislatura de los años de 1827 y 1828 del Congreso General, en la formación de una ley orgánica para los juzgados de distrito y tribunales de circuito, que llenase todos los huecos que la experiencia ha descubierto en la de 20 de mayo de 1826, y aunque estos trabajos se adelantaron hasta el grado de estar aprobados por ambas Cámaras muchos de los artículos que la nueva ley debe comprender, algunas reformas que demandan la correspondiente revisión, dejando esta materia pendiente de la final resolución, que con los nuevos y más circunstanciados datos que ha procurado reunir la Secretaría del ramo podrá ser más acomodada a las exigencias de la Administración de Justicia en los asuntos federales.

El arreglo de la misma administración en el distrito y territorios está también pendiente de la ley que ha de organizar sus juzgados y tribunales, y que ha ocupado a las Cámaras en las sesiones ordinarias de los expresados años. Siendo, como es, tan necesario e importante este arreglo, no pudo evacuarse en las sesiones extraordinarias del año 1827, y ni aun tuvo lugar en la convocatoria que se hizo para las demás, porque objetos de preferente urgencia fijaron la atención de los supremos poderes. Es de esperar que tiempos más serenos proporcionen al celo de la nueva legislatura dedicarse a asunto tan interesante, para que se satisfaga en el distrito y territorios a la obligación constitucional de administrar pronta y cumplidamente la justicia.

Hasta aquí, supliendo en el modo posible la inopia de leyes orgánicas, se ha verificado con una regularidad suficiente a mantener el orden social y proteger las propiedades y la seguridad de los conciudadanos.

A esto ha contribuido en gran parte la ley de 3 de marzo último, sobre el modo de conocer y determinar las causas de vagos en el Distrito y territorios de la Federación, que ha tenido, en lo que toca al Gobierno, el cumplimiento debido.

El Gobierno se había propuesto poner en la mayor actividad sus negocios con Roma, para que los asuntos eclesiásticos saliesen del estado en que los ha mantenido la falta de un acuerdo armonioso con la Silla Apostólica. Con este mismo deseo, y por consideración al concepto que se había formado de las enfermedades que atacaron a nuestro ministro plenipotenciario cerca de la Santa Sede, determiné proceder al nombramiento de otro enviado, pero ha quedado por ahora sin efecto, porque debiendo auxiliársele con recursos pecuniarios se espera sólo que el erario de la Federación se desahogue de las cuantiosas erogaciones que ha tenido que reportar, para dar este importantísimo paso.

Mucho adelantarán, entre tanto, los negocios eclesiásticos con la ley que constitucionalmente arreglase el ejercicio del patronato en toda la Federación, y el Gobierno no puede dejar de recomendar tan urgente asunto al celo y sabiduría de las Cámaras.

Los Gobiernos eclesiásticos y prelados regulares, en medio de los movimientos que han ocurrido en la República, han dado las más expresivas muestras de que en los ministros del altar tienen la independencia nacional, y las instituciones juradas, un robusto y firmísimo apoyo.

El tratado de límites con los Estados Unidos del Norte, aprobado por el Congreso General y ratificado por el Ejecutivo en 28 de abril del año anterior, no ha podido ser canjeado en Washington, porque a su llegada allí había expirado el término estipulado para que se ejecutase el acto.

El de amistad, comercio y navegación, aún no se ha pasado al Gobierno, y su conclusión por el tiempo transcurrido, y por la necesidad de fijar de una vez las bases de nuestras relaciones con dichos estados, se estima de la mayor importancia.

El señor Obregón, que había desempeñado las funciones de ministro plenipotenciario en aquellos estados, falleció el 1 de septiembre anterior. Este suceso infausto en nada ha entorpecido las funciones de la Legación Mexicana en Washington. El secretario de ella había sido pocos días antes presentado y admitido como encargado de nuestros negocios, con las formalidades de costumbre.

COLOMBIA

Las relaciones con esta República continúan bajo el pie más feliz de alianza y amistad. En principios del año se retiró el ministro plenipotenciario de ella, que hacía cinco años residía en esta capital. Su retiro fue solicitado por el de su Gobierno, y no dejó ninguna persona encargada de los negocios políticos de su país. Antes de su partida presentó, y fueron admitidos, tres vicecónsules para los puertos de Veracruz, Acapulco y San Blas; el del primero ha obtenido después, de su Gobierno, patente de cónsul, que ha sido obsequiada debidamente.

CHILE

El cónsul general de dicha República ha nombrado un vicecónsul para el puerto de Acapulco, y este nombramiento ha sido obsequiado. Nuestras relaciones con esta República se estrechan cada vez más, y México tiene un deber de gratitud que satisfacer hacia Chile por servicios generosos que le ha prestado. Las existentes con los demás pueblos del continente no son tan activas como lo exigen la reciprocidad de nuestros mutuos intereses, y lo desea el Ejecutivo. Para darles valor y consistencia será preciso nombrar agentes mexicanos que residan cerca de sus gobiernos. El Ejecutivo sólo espera, para proceder a su nombramiento, que se arregle por el Congreso General la planta de legaciones.

La devolución por las Cámaras de la Unión de los tratados celebrados por nuestros plenipotenciarios en la Asamblea General Americana, reunida en el istmo de Panamá, y la situación respectiva de cada Estado, han ocasionado el regreso a sus países de los ministros por las Repúblicas de Colombia y Centroamérica, que han pedido, al efecto, sus pasaportes. En consecuencia, no puede por ahora la Asamblea continuar en la villa de Tacubaya. Antes de separarse dichos ministros, han protestado de parte de sus Gobiernos la buena disposición que le asiste para mandar a sus ministros tan pronto como sean excitados para continuar dichas sesiones en el tiempo y lugar que se convengan entre las repúblicas que deben formarla.

Entabladas nuestras relaciones exteriores a consecuencia de la ley que facultó al Ejecutivo para promover y solicitar el reconocimiento de la independencia nacional, se siguen cultivando las amistades que felizmente conserva con la Gran Bretaña. En consecuencia, México continúa manteniendo cerca de aquel Gobierno su encargado de Negocios, y S. M. B. mantiene, así mismo, en la capital de los Estados Unidos Mexicanos, un agente con igual representación, sin que nada haya interrumpido ni alterado estas relaciones.

La ratificación de los tratados celebrados por S. M. el Rey de los Países Bajos, que el Ejecutivo espera recibir en el próximo paquete, para darles la publicación conveniente y con las formalidades de estilo, ha afirmado de un modo positivo nuestras relaciones con aquel reino, siendo uno de los resultados de esas negociaciones, entre otros, el que aquel Gobierno admitiese a la persona que se tenía designada con el carácter de encargado de Negocios, y que nombrase para México con igual representación al que desempeñaba el Consulado General de los Países Bajos, con retención de sus facultades consulares. Este individuo ha sido admitido en audiencia pública, ejerce libremente sus dobles atribuciones y el Gobierno espera que, por parte de S. M. el Rey de los Países Bajos, será admitido igualmente, en calidad de cónsul general, nuestro encargado de Negocios en aquel reino, a quien nombré para este encargo, previos los requisitos constitucionales.

Igual extensión tomarán las que se tenían iniciadas con Dinamarca y Hannóver: los tratados celebrados con estas naciones han merecido la aprobación del Congreso General, y ya se han remitido para la ratificación respectiva.

Con respecto a la Francia se mantiene la República en el mismo pie, en cuanto a sus relaciones diplomáticas y comerciales. El Gobierno está instruido de la venida de un comisionado de S. M. Cristianísima, y a su llegada se conocerá el objeto de su misión.

Las Ciudades Anseáticas se estrecharán más con la República; pero este paso depende del éxito que tengan en el Congreso General los tratados celebrados entre ambos países, cuyo despacho está pendiente en la Cámara de Senadores. El Ejecutivo ha recomendado se tome de preferencia en consideración.

La Confederación Helvética ha dado una prueba de su buena armonía e inteligencia con México, nombrando un cónsul general con residencia en la capital, y hoy se halla en el goce de sus atribuciones, después de habérsele expedido el correspondiente *Exequátur.*

La tranquilidad pública, perturbada el año anterior, con motivo de la expulsión de españoles y del plan conocido con el nombre de Montaño, se restableció completamente con el suceso de Tulancingo y cumplimiento de la ley de 20 de diciembre del mismo año.

El Gobierno ha dado cumplimiento a la ley del Congreso General de 15 de abril último, que previno la deportación de los complicados en el plan de Montaño, y en consecuencia los ha destinado a los puntos que ha estimado convenientes, teniendo en consideración las circunstancias e importancia de las personas.

A algunos se prorrogó el término de su salida por hallarse imposibilitados para ejecutarla, pero lo han verificado luego que han podido hacerlo, y muy pocos de los comprendidos en dicha ley permanecen en la República por hallarse impedidos físicamente para emprender su marcha.

Se ha pasado al Congreso General el expediente instructivo sobre el no dar cumplimiento en Durango al derecho que previno la instalación de aquella legislatura con la Cámara de Senadores, compuesta de los individuos que ella misma calificó con arreglo a los artículos respectivos de sus leyes reglamentarias; está pendiente aún la resolución de las Cámaras sobre este negocio.

Lo está igualmente el acuerdo del Congreso sobre la iniciativa que ha hecho el gobierno para que no sean comprendidos en la ley de expulsión de 20 de diciembre los naturales de las islas de Cuba y Puerto Rico.

Se ha ejecutado la nueva ley que arregló el nombramiento de jurados, y se espera el reglamento de libertad de imprenta, cuya necesidad es notoria, porque el de 820, que dieron las Cortes de España, no es aplicable a México, y porque dicha ley de jurados sólo comprende un capítulo de dicho reglamento.

Se ha publicado, y se está ejecutando, la ley que arregla la naturalización de extranjeros en la República.

Por la necesidad de que se llene el vacío que dejó la ley de 29 de diciembre del año anterior, sobre milicia nacional, en no expedir el reglamento que debe organizar la del Distrito y Territorios, se ha recomendado por el Gobierno la brevedad de este asunto.

No es menor también la urgencia de que se organice el gobierno político y económico del Distrito y Territorios. Las leyes españolas que están supliendo en este punto, sobre ser incompletas en gran parte, no son aplicables a nuestras circunstancias.

Varias son las consultas que para el más completo arreglo de la Marina y del Ejército se remitieron a las Cámaras por el Gobierno. El Ejército, en las convulsiones se disloca, se desorganiza. El Ejército, en su estado presente, demanda especial atención del Congreso.

Comenzáis, ciudadanos, tareas penosas, complicadas y difíciles. Afirmad vuestras instituciones, robustecer la fuerza pública, rectificad la opinión. ¡Que la patria exista por vosotros! El Gobierno será, como siempre, fiel a sus promesas. En la íntima unión, en la cooperación de los Supremos Poderes del Estado, se libra la prosperidad de la República.—*Dije.*

Epílogo

— ... Sobre Guadalupe Victoria —

N UESTRA tarea, la labor que se nos encomendó en su momento, está prácticamente concluida. Confiamos y esperamos haberla llevado a buen puerto y con la máxima dignidad (dentro de las limitaciones tantas veces apuntadas), puesto que éste es siempre nuestro *leit motiv,* norte y guía, cuando nos implicamos en cualquier actividad profesional.

Si a lo largo del presente trabajo nos hemos quejado (entre comillas, claro) y reiterado, como obstáculo y cortapisa al desenvolvimiento del mismo, cual hubiera sido nuestro deseo, la parquedad de recursos informativos acerca de la vida y milagros de Guadalupe Victoria, resultaría por completo antinómico que ahora presumiésemos de disponer de los elementos necesarios para adentrarnos en juicios de valor o críticas sobre el personaje central de esta obra. Pero también recordarán los lectores que en los compases finales del paréntesis decíamos textualmente: *... y los hacemos con el convencimiento de que dicho compendio oratorio puede ayudarnos a conocer con elevado índice de fiabilidad el ideario político y patriótico de nuestro protagonista, e incluso la vertiente sentimental y emotiva de su condición humana (dado que apenas existen referencias sobre su vida familiar, íntima y privada).*

Bien. Pues en eso estamos.

Hemos leído en algunos documentos a los que la suerte (y los magníficos servicios de nuestros colaboradores) nos han permitido acceder, que existen dos cualidades fundamentales a destacar en el *sui generis* del presidente Victoria: *honestidad* y *patriotismo*. Convenimos en ello, sí. E incluso añadiremos un tercer calificativo o cualidad: *sobriedad*. Porque estamos plenamente seguros de que Manuel Félix Fernández, más tarde y para siempre Guadalupe Victoria, se adhirió a la insurrección iniciada por Morelos e Hidalgo, animado por un fuerte y firme sentimiento de libertad e independentismo, dos conquistas (la misma conquista, en realidad) que estimaba absolutamente imprescindibles y necesarias para el bien de su pueblo, soñando al unísono con un futuro estimulante y próspero en el que la nación mexicana pudiera desenvolver el ejercicio de sus derechos y manifestarse con total autonomía, lejos de *presiones-opresiones* e injerencias oficiosas por aparte de gobiernos extranjeros. Victoria creía en *eso* y luchó con denuedo por la consecución de *eso*, sin regatear renuncias ni sacrificios y apostando la propia vida, tantas veces como fue necesario, en aras del noble ideal, del excitante objetivo perseguido.

Don Guadalupe escuchaba su conciencia —esa misteriosa *delegación suya* que Dios ha puesto en cada uno de nosotros para que respondamos, sin necesidad de esperar a juicios posteriores, de nuestros actos y motivaciones terrenos— y estaba en paz con ella. Algo de lo que pocos pueden presumir en esta vida. Ninguna acusación íntima pudo jamás sembrar la duda en el modélico comportamiento de Victoria, y mucho menos perturbar su sueño.

Política y humanamente estuvo muy lejos de la megalomanía arribista de Antonio López de Santa Ana, por ejemplo (que hubiese servido al mismísimo diablo con tal de conseguir sus propósitos), quien, en el colmo de la aberración, llegó a ofrecerle su espada a Maximiliano de Habsburgo, que le recompensó con el nombramiento de Gran Mariscal del Imperio. Y lejos también del ensoberbecimiento alienante de Agustín de Iturbide, que, rebasando las fronteras del más personalista de los cinismos, se autoproclamó emperador de México. Y en las antípodas del protagonismo absolutista de Porfirio Díaz (cuyo nombre salió a la palestra cuando el asesinato de Francisco Indalecio Madero), que pretendió, en el éxtasis de sus delirios de grandeza, convertirse en el presidente por antonomasia, el presidente vitalicio y perpetuo de la nación. Quizá, y por razones patrióticas, de honradez, sentimiento político y humanismo, sólo estuvo cerca de la figura de Benito Juárez.

Había en Victoria renuncia explícita e implícita a protagonismos, personalismos, ambiciones políticas, intereses económicos, y jamás pretendió sacrificar el poder en beneficio íntimo, ni servirse de él, ni considerarlo como algo propio e intransferible, como un logro suyo del que nadie tenía derecho a participar. Fue presidente cuando se lo pidieron y se marchó sin que nadie se lo pidiera.

Misión cumplida.

Pero Guadalupe Victoria no era más que un ser humano y, como tal, sensible al error. Y ciertamente cometió errores; algunos de ellos, graves. Faltaríamos a la verdad si nos perdiésemos en el sendero de la anuencia, los plácemes y beneplácitos, añadiéndonos por simpatía, admiración y un mucho de convencimiento, a la interminable cohorte de sus apologistas. Y no podemos hacerlo, no tan sólo por el responsable tributo profesional que estamos obligados a rendir a la objetividad y la ecuanimidad —y por encima de todo a la sinceridad—, sino por estar en total y absoluto desacuerdo con algunas secuencias de la vida política del primer presidente constitucional de México, y porque discrepamos antagónicamente de ciertos flashes del quehacer de Victoria.

Comentémoslo...

Don guadalupe, en sus discursos al Congreso General y a las Cámaras, diputados y senadores, lo mismo que en sus alocuciones y arengas a compatriotas y conciudadanos, se aleja vertiginosamente de la realidad del presente para ofrecer ígneas utopías... Alude de continuo (más que aludir, *apela*) al patriotismo y a la independencia con ribetes patéticos y casi histriónicos (propios de la época, quizá), dando la sensación de que necesita convencerse y convencer a los que escuchan esos encendidos parlamentos de que, el contenido de los mismos, encierra la gran verdad del país, la única verdad viable y posible que haga de México una importante nación a tener en cuenta en el concierto político mundial. Y ésa es una muestra flagrante de las muchas dudas que interiormente asaltan y atormentan a Victoria, porque se está dando cuenta de que el futuro esplendoroso y brillante por el que ha luchado, junto a la mayoría de mexicanos, ni está cerca como él suponía ni puede ser, por ahora, espléndido ni brillante. Y temiendo que los demás alcancen idénticas conclusiones, se identifiquen con los miedos internos del presidente, inventa argumentos patrióticos e independentistas para que no tiemblen las voluntades ni se desvanezcan las vocaciones. Sabe, porque aun soñando despierto sigue siendo inteligente, que la República y la independencia no están, ni muchísimo menos, consolidadas; es consciente de las maniobras de *allá* y de *acá* por desestabilizar el nuevo sistema de gobierno; conoce de los continuos cónclaves conspiratorios que se fraguan en su entorno, y desea evitar, no quiere permitir, que ante la gravedad de esos hechos, no se resquebraje, no se resienta la moral de su pueblo, de los mexicanos. Por eso grita una y otra vez lo importante que es la patria, la unidad, la independencia... No está en su ánimo, posiblemente, engañar a nadie, sólo pretende engañarse a sí mismo. Él no podrá evitar, lo que le crea un fortísimo sentimiento de impotencia, la tormenta política, civil, que acabarán desencadenando esos negros nubarrones que se ciernen sobre el cielo de México.

Y para distraer la atención general de los nefastos aconteceres que se avecinan, toma, entre otros argumentos seudopatrióticos con que estimular al auditorio..., toma, decíamos, a España como cabeza de turco, a la según él *mal llamada Madre Patria,* culpándola de todas las tragedias y desventuras que han asolado a su México querido, criminalizándola como única y exclusiva responsable de una opresión asfixiante que ha mantenido encadenadas con sólidos grilletes las libertades y aspiraciones independentistas mexicanas, que ha sojuzgado humillantemente al pueblo azteca con extrema crueldad... Y dándose cuenta en un solo instante de lucidez de lo precipitado e injusto de tan execrable juicio, se sale por la tangente y dice que, pese a la buena predisposición y mejores intentos del gobierno de México por mantener un cierto entendimiento con el país colonizador, el restablecimiento del poder absolutista de Fernando VII coarta definitivamente cualquier entente político-pacífica con los gobernantes de Madrid. Cierto que España no ha sido un país modélico como colonizador, pero no es menos cierto que la Historia reconoce pocas —¿pocas?, ¡ninguna!— naciones modélicamente colonizadoras. Tampoco se puede negar la opresión y algunos tímidos amagos de expolio, pero Guadalupe Victoria (inconcebible en un hombre que se considera justo y ecuánime), cegado por una furia obsesiva que pretende transmitir e inculcar a sus compatriotas, no puede meter en el cajón de la indiferencia cuantas realidades positivas México le debe a su *bien llamada Madre Patria:* un idioma, una cultura, una religión, unas enseñanzas prácticas que han enseñado a sus campesinos a trabajar la tierra adecuadamente y obtener provecho de ella, los inicios de un comercio exterior más o menos próspero, los contactos con distintas potencias europeas...

España no ha sido jamás el único y gran expoliador de México.

El único y gran expoliador de México ha sido la República Confederal de los Estados Unidos de Norteamérica; y es extraño, cuanto menos sorprendente, que Victoria no *recuerde* las concesiones hechas al coloso del Norte durante su égida. Tal es su amnesia, que llega al extremo de *elevar a los altares del idealismo político* a George Washington, poniéndolo como ejemplo de ejemplos, como paradigma de las libertades e independencias... Eso dice, extendiéndose en frívolas apologías, del primer presidente del país imperialista por antonomasia. Cabe admitir, es obvio, que cuando se está *condenado* a mantener vínculos fronterizos y de vecindad con alguien que es mucho más fuerte y poderoso que tú, el elemental instinto de supervivencia y conservación, el amor a la propia integridad física incluso, te obliga a ser sumiso y condescendiente, a ceder y conceder, en contra de tu voluntad. Y con su destino ligado al de los yanquis, México tuvo que aceptar un sinfín de humillantes renuncias y expolios, de los que la Historia, fiel notario de los acontecimientos, guarda y conserva suficientes e incuestionables evidencias.

El Tratado de Guadalupe-Hidalgo, firmado cinco años después de la muerte del presidente Victoria, adecua la auténtica realidad y propósitos de los sucesores de Washington, que no fueron ni ejemplo de ejemplos, ni paradigmas de nada..., o sí, paradigmas del imperialismo, el anexionismo y el expolio.

Queda, pues, así esbozado en síntesis el *cara y cruz* del primer presidente constitucional de la República de México.

FIRMA DEL TRATADO DE GUADALUPE-HIDALGO

El 2 de febrero de 1848 se rubricó este tratado, como colofón a una guerra injusta provocada por el vecino del Norte, el *Coloso Imperialista*, con finalidades muy concretas y estratégicamente concebidas de antemano. Ya hacía muchos años que los turbulentos cerebros de Washington maquinaban la indecorosa metodología a seguir —*hubiesen sido capaces de cualquier barbaridad, incluido el enfrentamiento bélico, como se vio*—, para culminar su proyecto anexionista focalizado sobre México. La guerra no fue otra cosa que una burda maniobra —*para justificarse ante el mundo y acallar cualquier voz discrepante*—, el preludio de una táctica sibilina que desembocaría en este tratado, el de Guadalupe Hidalgo, uno de los atropellos más vergonzosos, uno de los expolios más groseros y humillantes de los que tiene constancia la Historia Moderna. Pero a aquella alturas, los yanquis ya eran unos maestros, unos auténticos virtuosos a la hora de justificar lo incalificable en función, siempre, de sus autárquicos intereses. México no tenía más opción, otra alternativa, que la de ceder y, lógicamente, cedió.

Tan indigno y vejatorio convenio fue firmado en la villa del mismo nombre y en la fecha arriba indicada, entre México y Estados Unidos, en la sacristía de la basílica de Guadalupe, y en función del cual, el primero cedía el segundo los territorios de Texas, parte de Tamaulipas, Nuevo México y la Alta California —que después constituirían los estados norteamericanos de Texas, Nuevo México, Arizona, Utah, Nevada, California y parte de Colorado—, quedando la frontera establecida por los ríos Grande y Sila. El tratado fue aprobado por el Senado estadounidense (10 de marzo), y aunque la aceptación de México fue más reticente y ofreció mayor oposición, fue finalmente aprobado por el Congreso (10 de mayo) y el Senado (24 de mayo). Firmaron el convenio, por parte de México, Bernardo Couto, Miguel Atristán y Luis G. Cuevas, y por los Estados Unidos lo hizo Nicholas F. Trist. Su ratificación se concluyó en Querétaro (30 de mayo de 1848). Posteriormente se rectificarían las fronteras en virtud del tratado de Gadsen.

TRATADO DE GADSEN

Convenio concluido en la capital mexicana entre este país y los Estados Unidos de Norteamérica, por el que éstos adquirieron La Mesilla (situada al sur del río Gila) a cambio de diez millones de pesos (1853). Tras el Tratado de Guadalupe-Hidalgo, y con motivo de la construcción del ferrocarril transcontinental *Southern Pacific,* Washington presionó a México para que cediera este territorio (unos 76.845 kilómetros cuadrados de superficie), que consiguieron después de las negociaciones de J. Gadsen.

ÍNDICE

TÍTULOS PUBLICADOS EN ESTA COLECCIÓN

SALMA HAYEK
Vicente Fernández

GUADALUPE VICTORIA
Francisco Caudet

SOR JUANA INÉS DE LA CRUZ
Juan M. Galaviz

JORGE NEGRETE
Luis Carlos Buraya

JOSÉ VASCONCELOS
Juan Gallardo Muñoz

NEZAHUALCOYOTL
Tania Mena

VICENTE GUERRERO
Jorge Armendariz

IGNACIO ZARAGOZA
Alfonso Hurtado